A Biblia megtalált fordítása
III. könyv: A Tisztesség Tudása

boroka
2015
Publio kiadó
Minden jog fenntartva!
Borító tervet készítette: Papp Norbert, Herald People.

...a fordítás, ami megváltoztat mindent...

1.

M.1.1. És Isten megnyilatkozik: Akinek a tisztesség válik élő erejévé és Istennel békében él, azokat összegyűjti az élet ereje! M.1.2. Isten megnyilatkozik annak, aki Istennel együtt harcol, mint örökbefogadottja: Ember, életed ideje alatt megújítottad kapcsolatod Istennel, az élet erejével! Az újíthatja meg kapcsolatát Istennel, akinek életét a tisztesség, ártatlanság és hűség jellemzi! Türelemmel várom, hogy minden embernek ez álljon szándékában! M.1.3. Türelemmel várom, hogy időben meg tudja újítani kapcsolatát az ember, Istennel. Akik megújították kapcsolatukat Istennel, azokat az embereket a bűntelenség jellemzi! Mert a bűntelen ember újíthatja meg kapcsolatát Istennel! És az Úr összegyűjti azokat, akik békében élnek vele! Azoknak alkalmat nyújt Isten a szabadulásra, mert a tisztességes és jó lelkekkel válik többé! M.1.4. Isten ítélete: Azzal az emberrel újítja meg kapcsolatát, akinek jóvá válása erősíti az életerő helyének hatalmát! Akivel többé válik az Úr, azzal az emberrel megváltoztatja kapcsolatát Isten! Isten élőhelye annak alkalmazza cselekedeteit, akinek ereje hatással tud lenni a bűn uralma alatt lévő emberek környezetére! M.1.5. Tisztán látom, hogy kit fogadhatok örökbe! A tisztességes lelkeket! Azok tartozhatnak kizárólag Istenhez, mert Istennel békében élve, legyőzték az engedetlen és tisztátalan szellemek börtönében uraló erőket! Isten, élőhelyéről életerőt juttat

azoknak és beteljesíti boldogulásukat!
Türelemmel várom, hogy minden lélek
megszerezhesse az örökkévalóságot, az élet
erejét! És mikor megszerzik, azon életük idején,
összegyűjtöm őket az örökkévalóságba! M.1.6.
De minél később újítja meg kapcsolatát az ember
Istennel, annál később védelmezheti azt, az
örökbüntetés ereje ellen! És az az ember, aki
örökre elválik a bűn uralma alatti élettől,
ítéletemmel részemmé válhat! M.1.7. Lásd
tisztán, az tartozhat kizárólag Istenhez, akit
ítéletével örökbe fogad! Az embernek, Isten
ítéletével teljesedhet be boldogulása! Mert akivel
többé válik a halhatatlanság, azt ítéletével oda is
juttatja! M.1.8. Lásd tisztán, minél később
növeled az életerő helyét, annál később válhatsz
részévé, annál később lehetsz örökbefogadottja
és annál később tartozhatsz kizárólag Istenhez!
Ember, mikor megújítod kapcsolatod Istennel,
azon életed idején rendeli hozzád a
halhatatlanságot! Mikor életeddel többé tudod
változtatni a kapcsolatot Isten és közötted, akkor
teljesedhet be boldogulásod! Mert ez, az élet
ítélete!

M.1.9. Parancsolom az embereknek, hogy
tisztítsák meg lelküket, bűneiktől! Mert aki
megtisztul és hűséges marad a tisztasághoz,
annak sorsában megtestesíti Isten akaratát! Aki
bölcsen bűntelenné válik, és kizárólag Istenhez
tarozik, annak beteljesíti boldogulását! Az
ember, bűntelenné válásával újíthatja meg

kapcsolatát Istennel és válhat ítéletével szabaddá! Annak az embernek, akinek tisztességesek és jók cselekedetei, azzal ítéletén keresztül, megújítja kapcsolatát Isten! M.1.10. Akit időben az ártatlanság jellemez, az megértette a tökéletességet! És aki ártatlan, azzal megújítja kapcsolatát Isten! Te mikor szándékozol így élni? Ember, újítsd meg kapcsolatod Istennel, hogy ítéletével az élőerő részévé válhass! Mert az Úr, a bűntelenekkel újítja meg kapcsolatát! Ember, időben rendezd kapcsolatod Istennel! M.1.11. Győzz meg arról, hogy megvilágosodott és tisztességes lélek vagy, hogy beteljesíthessem boldogulásod! Isten, tisztán látja lelked! Mikor kizárólag Istenhez tartozol, mint örökbe fogadottja, akkor eljuttatja hozzád az élet erejét! Az örökkévaló teljesítheti be boldogulásod és juttathat el az örökkévalóságba, mert ez rendeltetése! M.1.12. Minél később válik a tisztaság részeddé, annál később újíthatod meg kapcsolatod Istennel, az életerő helyével! Amint életed eredményeként, létre jön a kapcsolat ember és Isten között, akkor örökre elválaszt Isten a világi élettől, mert kizárólag hozzá tartozhatsz! Mert aki többé válásával növeli az élet erejét, annak ítéletemmel, életének idején beteljesedhet boldogulása és a halhatatlanság részévé válhat! M.1.13. Megparancsolom az embernek, hogy tisztuljon meg bűneitől és maradjon hűséges a tisztasághoz! Újítsa meg kapcsolatát Istennel és tartozzon kizárólag Istenhez! Mert aki bölcsen bűntelenné válik, annak lelke szabaddá válhat! Isten, megtestesíti akaratát a bűntelen ember sorsában, beteljesítve annak boldogulását! Isten megítéli, hogy melyik ember tudta megújítani vele kapcsolatát! A jó embernek, tisztességesek cselekedetei, ezért ítéletével megújítja vele kapcsolatát Isten! M.1.14. Azzal az emberrel áll szándékában Istennek megújítania a kapcsolatot, akinek cselekedeteit a tisztaság jellemzi! Az embernek, időben kell bűntelenül, tisztességesen élnie és átadnia magát a tisztaságnak, hogy meg tudja újítani és változtatni kapcsolatát, Istennel! M.1.15. És mikor eléri, hogy kizárólag Istenhez tartozik, akkor beteljesedhet boldogulása! De amíg nem tisztul meg, ahogy rendeltem, addig nem térhet az életerő helyére, addig örökké vissza kell térnie az örökbüntetés helyére! Mert megtestesíti Isten akaratát, az ember sorsában! Az élet ereje, annak engedi el büntetését és teljesíti be boldogulását, aki bűneitől megtisztult! Neked mikor teljesedhet be boldogulásod?

M.1.16. Aki rosszul él, az rettenghet az ismeretlentől! De aki bűntelen cselekedeteivel nyilatkozik meg Istennek, azt dicsőíti az Úr, és beteljesíti boldogulását! Amint bűnbánattal és alázattal dicsőségessé válik lelked, megszerezheted és birtokolhatod te is, a kimagasló Isteni megbízatást! M.1.17. És azon életed idején, mikor bűntelenné válsz, Isten mennyei hatalma, gyengéd együtt érzésével el fog választani a világi élettől! Ne térj el a bűntelen élettől, mert akkor Isten, megtestesítve akaratát sorsodban, elválaszt azoktól, akik kizárólag Istenhez tartozhatnak! Élj úgy, hogy ítéletével beteljesíthesse boldogulásod! Újítsd meg kapcsolatod Istennel, hogy ítéletével halhatatlansághoz juttathasson! Az ember, jó cselekedeteivel és tisztességes életével újíthatja meg kapcsolatát Istennel, mert ez ítélete!

2.

M.2.1. Abban az időben, mikor az embernek szándékában áll megújítania kapcsolatát Istennel, az élettel, akkor tisztességesen kell élnie, hogy Isten is megújítsa kapcsolatát az emberrel! Mert a tiszta lelkű emberrel, megújítja kapcsolatát Isten! De aki nem tisztult meg, annak nem szállhat lelke, Istenhez! Aki cselekedetei áldozatvállalásával növelni tudja az élet erejét, az kizárólag Istenhez tartozhat, mert az Isten embere! M.2.2. Lásd tisztán, a jelentéktelen életből is elérheted, hogy Istenhez tartozhass, mint örökbe fogadottja! Vállalj áldozatott, tiszta cselekedeteidért és eljuthatsz a tökéletességbe! Találj rendeltetésedre és kizárólag Istenhez tartozhatsz, mint Isten embere! Különben elszáll lelked! Isten megtestesíti akaratát sorsodban és kizárólag Istenhez tartozhatsz, amint megtisztulva eggyé válsz vele! Mert aki rátalál rendeltetésére, annak boldogulása beteljesedhet! De figyelmezteti azokat Isten, akik hozzá tartoznak: Tisztességesen, jól kell cselekednetek, hogy általatok létre hozhassák és megújíthassák a kapcsolatot az emberek, Istennel! Ez ítéletem! M.2.3. Aki megújítja a kapcsolatot az emberek és Isten között, annak megállítom életének idejét! És aki így többé válva megújítja a kapcsolatot az emberek és Isten között, azt elkülönítem örökbefogadottaim közé! Tedd tisztán láthatóvá az emberek számára, hogy tisztességesen élve újíthatják meg kapcsolatuk Istennel, különben ítéletemmel az engedetlen és tisztátalan szellemek börtönébe kerülnek! M.2.4. Aki Istennel időben megújítja kapcsolatát, az élhet, és aki nem, annak élete elfonnyad! Neked mikor áll szándékodban megújítani kapcsolatod Istennel? Próbára teszem az embereket, hogy meg tudjam, ki uralja erkölcsét, ki tartozik kizárólag Istenhez! És aki az emberek között nem él jelentéktelenül, az kizárólag Istenhez tartozhat, mert az Isten embere! De a bűn uralma alatt élő ember, hiába ravaszkodik, amíg értelmével nem uralja erkölcsét, döntéseit, addig nem egyesítem a bűntelenül élőkkel! És az a lélek, elszáll az élet mellett, míg nem válik többé, bűntelenné! M.2.5. Az embernek időben kell megújítania kapcsolatát Istennel, hogy Isten védelmezhesse a halhatatlansággal és bőséggel! Életének ideje alatt kell megújítania kapcsolatát Istennel, különben élete elfonnyad! Aki kizárólag Istenhez akar tartozni és Isten emberévé akar válni, annak erkölcsét uralva kell többé válnia! Amíg az ember nem uralja erkölcsét, addig nem tartozhat a bűntelenek közé! És addig, elszáll lelke mellett az élet ereje! M.2.6. A bűnös léleknek, meg kell tisztulnia! A bűnösnek, bűntelenné kell válnia, mert megtisztulva tartozhat kizárólag Istenhez és válhat Isten emberévé! Az ember, így újíthatja meg kapcsolatát Istennel, az élettel!

M.2.7. A bűn uralma alatt lévő embernek, életének ideje alatt kell megújítania kapcsolatát Istennel, különben elfonnyad élete! Mert az ember élete, mulandó! Annak, aki kizárólag Istenhez akar tartozni és Isten emberévé akar

válni, annak bűntelenül kell élnie, különben
elszáll lelke a jelentéktelenségbe! M.2.8.
Bűntelen élettel juthatsz el Istenhez és újíthatod
meg a kapcsolatot, az emberek és Isten között!
Ezt tisztességes életeddel hozd létre és kizárólag
Istenhez tartozhatsz! És aki bűntelenné válik,
azon láthatóvá lesz az élet jele és beteljesedhet
boldogulása! M.2.9. Újítsd meg a kapcsolatot az
emberek és Isten között, hogy kizárólag Istenhez
tartozhassanak, hogy megszerezhessék az életet!
Figyelmeztesd őket, hogy bűntelenül
tartozhatnak hozzám! Akik tisztességes és jó
cselekedeteikkel megújítják kapcsolatuk Istennel,
azoknak megtestesíti Isten akaratát sorsában és
boldogulásuk beteljesedhet! Ez ítéletem, az
emberek számára! M.2.10. Tisztán látom, hogy
ki újítja meg a kapcsolat az emberek és Isten
között! És aki megújítja a kapcsolatot az
emberek és Isten között, annak megállítom
életének idejét és elkülönítem az örökbe
fogadottaim közé, mert vele többé válnak!
Tisztességes életeddel újítsd meg a kapcsolatot
az emberek és Isten között, különben ítéletemmel
az engedetlen és tisztátalan szellemek börtönébe
juttatlak! M.2.11. Aki tisztességes életével
megújítja a kapcsolatot az emberek és Isten
között, az jelentősen átalakíthatja az életet! Az
ember, erkölcsét uralva újíthatja meg a
kapcsolatot Istennel és élhet halhatatlanságban!
Aki tisztességessé válik, annak Isten megtestesíti
akaratát sorsában! Aki nem újítja meg a
kapcsolatot az emberek és Isten között, az
ítéletemmel az engedetlen és tisztátalan
szellemek börtönébe kerül! M.2.12. Ahogy az

ember tisztessége fejlődik, annak eredményességével újul meg kapcsolata Istennel és jut Isten élőhelyére! De aki nem cselekszik jól, annak nem teljesülhet be boldogulása és nem érhet Isten élőhelyére! M.2.13. Isten kitűntjeivel élhet a megtisztult ember, aki tisztulásával megújította kapcsolatát Istennel! Te is megújíthatod kapcsolatod Istennel, amint tisztává alakítod életed! Amint megtisztítod életed és megújítod kapcsolatod Istennel, megállítom életed idejét és létrehozom veled a kegyelmi kapcsolatot! De ha nem tisztítod meg életed, nem juthatsz Isten kitűntjeihez! M.2.14. Az embernek, időben kell változtatnia életén, hogy megújíthassa kapcsolatát Istennel! De mielőtt megújítaná kapcsolatát az emberrel Isten, megítéli életét, tisztességét! Ha változásával a szellemi hatalmat megtestesíti, akkor az Istentől eredő jókívánsággal élhet! És ha változásával bűnbe viszi az embereket, akkor nem újíthatja meg kapcsolatát Istennel! Az embernek úgy kell megváltoznia, hogy meg tudja újítani kapcsolatát, Istennel! M.2.15. Aki kizárólag Istenhez akar tartozni, mint Isten embere, annak növelnie kell a bűntelenek erejét! Az ember, cselekedeteivel vállalhat áldozatot, újíthatja meg kapcsolatát Istennel és juthat el az örök életbe!

M.2.16. Figyelmezteti Isten az embert: Isten, megtestesíti akaratát az ember sorsában! Aki rendeltetése szerint bűntelenné válik, az kizárólag Istenhez tartozhat! És aki a bűnösökhöz tartozik, az nem tartozhat kizárólag Istenhez! Aki cselekedeteivel vállal áldozatot a tökéletességért, az Isten embere és az eljuthat az örök életbe! Isten, a tisztességes emberrel újítja meg kapcsolatát! Ez ítéletem!

3.

M.3.1. Isten, időben elismeri azt az embert, aki megújítja vele a kapcsolatot! Azt az embert, aki időben megújítja a kapcsolatot Istennel, az élethez juttatja! A bűntelenség, tisztesség és az Úr iránti hűség jellemzi azt az embert, aki megújíthatja kapcsolatát Istennel! Az Úr, türelemmel várja, azokat a lelkeket, akik hűségesek hozzá, akik segítik! Ha hűséges vagy az Úrhoz, téged is vár! M.3.2. Azzal, hogy megújítja a kapcsolatát az ember, Istennel, azzal megerősíti az életerő helyének hatalmát! Mikor Istennel békében él, akkor győzheti le az engedetlen és tisztátalan szellemek börtönében uralkodó erőt, életet! Tisztán látja az örökkévaló, hogy ki tartozik kizárólag Istenhez, kit fogadhat örökbe és kihez juttathatja el az életerőt! És azokat összegyűjti az örökkévalóságba! M.3.3. De minél később újítja meg kapcsolatát az ember Istennel, annál később juthat elismerő ítéletéhez is! Isten, a tisztességes emberrel újítja meg kapcsolatát! Isten elrendelte: Az embernek, életének ideje alatt kell megújítania kapcsolatát Istennel! És ahhoz a szégyenleteshez, aki rendeltetése szerint, nem újítja meg kapcsolatát Istennel, nem juttathatják el Isten kitűntjei az életet! Annak az embernek, aki életének idején nem hozza létre a kapcsolatot Istennel, az engedetlen és tisztátalan szellemek börtönében kell élnie! Ez, az Úr parancsolata! M.3.4. A bölcs emberrel, akivel többé válik az élet, megújítja kapcsolatát Isten, rendeltetése szerint! És arra az emberre, kiterjeszti az élet erejét Isten, hogy a sors csapásait elviselhesse! De aki nem válik többé és nem hozza létre a szellemi kapcsolatot Istennel, arra haragszik! Annak életében megtestesül Isten akarata és erőtlenül kell elviselnie a sors csapásait! Az ember, bűntelen életével hozhatja létre a kapcsolatot Istennel! M.3.5. Tisztán látja Isten, hogy ki vált bűntelenné és annak sorsában megtestesítve akaratát, örökbe fogadja és beteljesíti boldogulását! Azzal az emberrel, akivel többé válik az élet, ítéletével megújítja kapcsolatát Isten! Az ítéletével a halhatatlansághoz tartozhat! Isten ítélete: Azzal az emberrel újítom meg kapcsolatom, aki jól és tisztességesen cselekszik! M.3.6. Ember, ahhoz, hogy elismerjen Isten és megújítsa veled kapcsolatát, időben kell, hogy az ártatlanság jellemezze életed! Ha tisztességesen élsz és hűséges vagy az Úrhoz, akkor megújítja veled a kapcsolatot Isten! Ha életed bűntelenné változtattad és hűségeddel segíted az Urat, akkor megújítja kapcsolatát veled Isten! M.3.7. Ahhoz, hogy megújíthassa kapcsolatát az ember Istennel, és hogy eljuthasson lelke az Úrhoz, időben kell ártatlanul és tisztességesen élnie!

M.3.8. Aki erősíti Isten hatalmát, azzal az emberrel, megújítja kapcsolatát az életerő helye! De minél később győzi le önmagát az ember és minél később él békében Istennel, annál később gyűlhet össze azokkal a lelkekkel, akiket örökbefogadott az örökkévaló! Tisztán látja az örökkévaló, hogy életével kinek teljesülhet be

boldogulása, hogy kinek adhatja az életerőt!
M.3.9. Ember, ne késlekedj, újítsd meg
kapcsolatod Istennel! Mert akinek ítéletével
elismeri tisztességét Isten, azzal az emberrel
megújítja kapcsolatát! Megújítja azzal az
emberrel kapcsolatát Isten: Aki Istennek rendeli
életét és megújítja a kapcsolatot az emberek és
Isten között! És aki bűntelenné válásával
bizonyítja az Isteni hatalom létezését, az
rátalálhat az élet forrására! De az a szégyenletes,
aki ellenkezik parancsolataimmal és nem válik
bűntelenné, azt elválasztom a bűntelenektől és
életének megszüntetésével, bizonyságot teszek
az élet mulandóságáról! Mert az embernek,
Istennek kell rendelni életét és meg kell újítania
kapcsolatát Istennel! Akik az emberek közül
Isten kitűntjeivé váltak, azok is meg tudták
újítani kapcsolatukat Istennel, az élettel! És aki
nem rendeli Istennek életét, annak
parancsolatommal az engedetlen és tisztátalan
szellemek börtönében kell élnie! M.3.10. A bölcs
ember, megújítja kapcsolatát Istennel! És arra,
akivel többé válik az élet, kiterjeszti Isten az élet
erejét, hogy a sors csapásait elviselhesse! Mert ez
rendeltetése! De arra az emberre haragszik, aki
nem él vele, akivel nem válhat többé! A bűntelen
ember életében, úgy testesíti meg erejét a
szellemi hatalom, hogy segíti a sors csapásainak
elviselésében! M.3.11. És a bűntelen sorsában,
megtestesíti Isten akaratát: Tisztességes
életeddel, megújítottad az ember és Isten közötti
kapcsolatot! Ezért ítéletemmel, beteljesítem
boldogulásod és kizárólag Istenhez tartozhatsz!
M.3.12. Időben megértetted, hogy tisztességesen

élve válhatsz tökéletessé, újíthatod meg
kapcsolatod Istennel és juthat el lelked az
emberektől! M.3.13. Teljesítetted rendeltetésed!
Önmagad legyőzésével és azzal, hogy Istennel
békében éltél, megerősítetted az életerő helyének
hatalmát! És azokat a lelkeket, akik
beteljesítették rendeltetésüket, összegyűjtöm az
örökkévalóságba! Mert tisztán látom, hogy ki
teljesítette be rendeltetését! És azt örökbe
fogadom, hozzájuttatom az életerőhöz és
beteljesítem boldogulását! M.3.14. Abból ítéli
meg az embert Isten, ahogy megújítja vele
kapcsolatát! És a tisztességes emberrel, megújítja
kapcsolatát Isten! Mert Isten elrendelte: Aki
megújítja a kapcsolatot az emberek és Isten
között, ahhoz Isten kitűntjei eljuttathatják az
életerőt! De aki szégyent hoz parancsolataira,
ahhoz nem! Mert az embernek elrendelte Isten,
hogy hozza létre a kapcsolatot az élet és az
engedetlen és tisztátalan szellemek börtöne
között! És azon élete idején, mikor megújítja ezt
a kapcsolatot, akkor beteljesítette Isten
parancsolatait!

M.3.15. Aki bölcsen megújítja a kapcsolatot
az emberek és Isten között, azzal többé válik
Isten! És arra, kiterjeszti Isten az életerőt, hogy el
tudja viselni a sors csapásait! Mert elrendelte: Az
ember, bűntelen életével válhat többé, testesítheti
meg a szellemi hatalmat és szerezheti meg az
életerőt! És haragszik arra az emberre, akinek
erőtlen élete, mert az a sors csapásait nem

viselheti el! M.3.16. A bűntelen sorsában, megtestesíti Isten akaratát: Életed eredményeként kizárólag Istenhez tartozhatsz! Jó cselekedeteiddel, életeddel, megújítottad a kapcsolatot az emberek és Isten között! Ezért ítéletemmel, beteljesítem boldogulásod! Mert a tisztességes emberrel, többé válik Isten! És akivel Isten rendeltetése szerint megújítja a kapcsolatot, ahhoz kitűntjeivel, eljuttatja az élet erejét! M.3.17. Az a lélek, aki többé válásával harcol az élet ésszerű állapotáért, a békés életért, az soha el nem múlhat! Ha te is jelentősen átalakítottad életed és létrehoztad a kapcsolatot az emberek és Isten között, akkor Isten kitűntjei hozzád is eljuttatják az életerőt! De ha kitűnsz azok közül, akik megújították kapcsolatukat Istennel és nem alakítod jelentőssé bűnös életed, akkor nem rendeli hozzád az életerőt!

4.

M.4.1. Tisztulj meg, hogy újra megnyilatkozhasson számodra Isten, az élet ereje! M.4.2. Isten megnyilatkozik annak, aki megharcol azért, hogy Isten az élet ereje, örökbe fogadja! Időben kell tisztességesen élned, utasításom szerint! De ha hibázol, és erkölcsileg bűnössé válsz, akkor szembe kerülsz a meghatározhatatlannal, az élet erejével! Aki az életének idejéül adott pillanatban nem tesz meg mindent azért, hogy betartsa utasításaimat, az szemben áll velem! És aki nem tartja be utasításaim és nem harcol meg az örökkévalóságban lévő helyért, az ne is vágyakozzon az örök élet után! M.4.3. Időben kell kizárólag Istenhez tartoznod, hogy Isten elkülöníthessen az örökkévalóság számára! Türelemmel várom, hogy az erkölcstelen életben, tisztességessé válj, hogy megújítsd kapcsolatod Istennel! Mert aki erkölcsileg bűnös és Istentől elszakadva él, az nem juthat el Istenhez! De az Istentől elszakadt ember is bűntelenné válhat! Azon életének idején, mikor megszabadulva a bűntől tisztességessé válik és hűséges is marad ahhoz! M.4.4. Türelemmel várom, hogy életed idején, békében élj Istennel! Mert a tisztességes lelkeket összegyűjtöm és eljuttatom az engedetlen és tisztátalan szellemek börtönéből! Türelemmel várom a tisztességes lelkeket, mert azok legyőzték önmaguk bűneit, mert azok erősítik az életerő helyének hatalmát! M.4.5. Türelmesen várakozok az emberekre, hogy életük idején Istennel békében éljenek, hogy kizárólag Istenhez tartozzanak! És megszerzem és elkülönítem azokat, akik eljutnak hozzám! Mert azokat gyűjti össze Isten, akikkel növelheti az élet erejét! M.4.6. Isten, hírt hall azokról, akik kizárólag hozzátartoznak és ítélethozatalával, eljuttatja hozzájuk az életerőt! Mert azokhoz a lelkekhez, akik legyőzték önmagukat és tisztességessé váltak, eljuthat az életerő! Mert az embernek az a sorsa, hogy békében éljen, hogy kizárólag Istenhez, az élethez tartozzon! M.4.7. A tisztességes lélek tartozhat kizárólag Istenhez, mert az erősíti az életerőt! És a bűn uralma alatt lévő ember élete, a mulandóság eszközévé válik! Annak a léleknek, akinek sorsában megtestesül Isten akarata, annak beteljesíti boldogulását az Isteni hatalom! Azon életének idején, mikor Istennel békében élve bizonyítja az Isteni hatalom létezését! Isten kitűntjei türelemmel várják, hogy eljuttathassák az életerőt a bűntől megtisztult lelkekhez! Mert a bűntelen ember újíthatja meg kapcsolatát Istennel! Ítéletem: Azokat gyűjtöm össze az örökbüntetés helyéről és teljesítem be boldogulásukat, akik Istennel békében élnek! És akik nem, azoknak az engedetlen és tisztátalan szellemek börtönében kell élniük, azon életük idejéig, míg nem élnek Istennel békében!

M.4.8. Türelemmel várakozom az Istentől elszakadva élő emberekre is, hogy megújítsák kapcsolatuk Istennel! De azon életük idejéig, míg késlekednek megújítani kapcsolatuk Istennel, nem rendeli hozzájuk kitűntjeivel az életet! Az emberek közül azokat gyűjti össze Isten, akik rendeltetése szerint megújították a kapcsolatot, az emberek és Isten között! De akik szégyenletesen élnek és parancsolatom ellen cselekszenek, azok nem újíthatják meg kapcsolatuk Istennel és azokhoz nem rendelem kitűntjeimmel az életet! Isten megparancsolta az embernek: Hozd létre a kapcsolatot Istennel! Mert Isten elrendelte: Amíg az ember nem újítja meg életével a kapcsolatot az emberek és Isten között, addig az engedetlen és tisztátalan szellemek börtönében kell élnie! M.4.9. Aki rendeltetése szerint bölcsen többé válik és megújítja kapcsolatát Istennel, arra az emberre, kiterjeszti az élet erejét, hogy a sors csapásait el tudja viselni! De aki nem válik többé és nem hozza létre a kapcsolatot az élettel, arra az emberre haragszik Isten! És annak, azon életének idejéig kell erőtlenül élnie, míg nem él rendeltetése szerint! Amíg nem él bűntelenül az ember és nem testesíti meg életével a szellemi hatalmat, addig nem viselheti el a sors csapásait! M.4.10. Az élettelenek közül gyűjti össze Isten azokat az embereket, akik megújították kapcsolatuk az élettel! Azokat a bűnteleneket, elismeri Isten és életük eredményeként, megtestesíti sorsukban akaratát! Mert Isten, türelemmel várja, hogy kizárólag hozzá tartozz, hogy megújítsd a kapcsolatot az emberek és Isten között, hogy beteljesíthesse boldogulásod, ítéletével! M.4.11. Isten kitűntjei, türelemmel várakoznak az életerővel, hogy eljuttathassák a bűn uralma alá, az arra érdemes emberekhez!

Azokhoz az emberekhez, akik a bűn uralma alatt, hűségesek parancsolataimhoz! És azokat az embereket, akik bölcsen élnek, megszabadítják az életerő helyére! És akik nem így élnek, azoknak teste elrohad! M.4.12. Türelemmel várják Isten kitűntjei, hogy megszerezhessék a bűntelen lelkeket! Bárhonnan érkeznek is a becsületes, bűnbánó és alázatos lelkek, bűntől való megtisztulásukkal, eljuthatnak az Úrhoz! És a bűnteleneknek ígéri Isten, ítéletével a halhatatlanságot! A bűnbánó és alázatos léleknek, bárhonnan is érkezik, a bűntől való megtisztulásakor, bizonyítani fogja az Úr, az Isteni hatalom létezését! És a többieknek, ítéletével az újjászületést ígéri! Az Úr jelenlétének titka, ítéletével válik láthatóvá az emberek életében! M.4.13. Akik időben a bűntelenekhez tartoznak, azokat a lelkeket összegyűjti Isten, hogy örökbe fogadja és megharcoljon értük! De bizalmatlan azokkal, akik erkölcsileg hibáztak! Figyelmezteti Isten, kitűntjeit: Azoknak állíthatják meg életének idejét, akik cselekedetei tisztességesek! Mert akinek cselekedete szemben áll az élettel, azokra nem vágyik az Úr! Azokat az Istentől elszakadt lelkeket, utasítsátok, hogy változtassák többé életük, rendeltetésem szerint!

M.4.14. Abban az időben, mikor az Istentől elszakadt, rendeltetésem szerint eredményessé alakítja életét, szellemileg megvilágosodhat és megismerheti Istent! Türelemmel várakozom arra az időre, mikor megújítja kapcsolatát az ember, Istennel! És akik az Istentől elszakadtak közül, hűségessé válnak Isten iránt, azokhoz kitűntjeimmel elérkezhet az élet és összegyűjthetik őket! Összegyűjthetik azokat a lelkeket és eljuttathatják azokhoz az életerőt, akik életük idején, Istennel békében élnek! M.4.15. Türelemmel várom, hogy összegyűjthessem azokat a bölcs lelkeket, akik tisztességes életükkel erősítik az életerő helyének hatalmát! Türelemmel várom azokat a lelkeket, akik legyőzve önmaguk bűneit, tisztességessé váltak és kizárólag Istenhez tartoznak! M.4.16. Minél később élsz Istennel békében, annál később tartozhatsz kizárólag Istenhez! Isten, számára azt különíti el és ahhoz juttatja el az életerőt, aki eggyé válhat az élettel! Türelemmel várom, hogy egybegyűjthesselek a hozzám tartozókkal! M.4.17. Mikor hírt hallok arról, hogy az emberek közül, valaki legyőzi önmaga bűneit és kizárólag Istenhez tartozik, ahhoz ítéletemmel eljuttatom az életerőt! Mert az a lélek, életével beteljesíttette sorsát! M.4.18. A tisztességes lelket, az életerő hatalma megerősíti és beteljesíti boldogulását! Isten összegyűjti azokat a lelkeket, akik békében élnek vele! Isten kitűntjei azokhoz a lelkekhez jutatják el az életerőt, akik életük idején megtisztultak bűneiktől! A bűntelen ember újíthatja meg kapcsolatát Istennel, az élettel! És Isten, ítéletével annak teljesíti be boldogulását, aki az örökbüntetés helyén, Istennel békében él! És azokat a lelkeket, akik nem így élnek, azokat összegyűjtik az engedetlen és tisztátalan szellemek börtönébe! M.4.19. A bűntelen ember, életében és sorsában, megtestesíti Isten akaratát és beteljesíti boldogulását! Isten kitűntjei, Isten rendeltetése szerint eggyé válnak azzal, aki létre hozza a kapcsolatot Isten és az emberek között! M.4.20. Isten kitűntjei türelemmel várják, hogy az Istentől elszakadva élő emberek megtegyék, amit az élet ereje elrendelt számukra! Türelemmel várakoznak az élet erejével, hogy az emberek és Isten között, megváltozzon a kapcsolat! Aki megteszi, amit elrendelt Isten, azzal megváltoztatja kapcsolatát Isten élőhelye! Aki kizárólag Istenhez tartozik és alkalmazni tudja cselekedetét Isten, annak büntetése véget ér! M.4.21. A bűntelen, ítéletemmel kijuthat az élettelenek közül! Az Istentől elszakadva élőnek, ítéletemmel az újjászületést ígérem! És türelemmel várom, hogy megújítsa kapcsolatát az ember, Istennel! Türelemmel várom, hogy eggyé váljon az élettel! Mert ez, az Úr jelenlétének titka! M.4.22. És aki életének ideje alatt, cselekedeteivel megszegi Isten utasításait és nem alakítja át bűnös életét, azt az Úr, az élet ereje, a jelentéktelen életbe juttatja! Addig, amíg szemben áll az élet utasításaival és nem válik tisztességessé, nem vágyakozhat arra, hogy más életbe juttassa Isten! Mert amíg Istentől elszakad, és nem válik többé, addig hibásan cselekszik!

M.4.23. Az Istentől elszakadt, azon életének idején, mikor mindent megtesz azért, hogy megértse a tökéletességet és megtisztítsa életerejét, abban az időben újíthatja meg kapcsolatát Istennel! Mert a bűntelen, élete eredményeként értheti meg a tökéletességet és juthat el az élet erejéhez! M.4.24. Mikor legyőzi önmagát az ember és teljesen Istenhez tartozik, akkor élete eredményével megerősíti az életerő helyének hatalmát! Mikor megérti a meghatározhatatlan tökéletességet, akkor győzheti le önmagát az ember és újíthatja meg kapcsolatát Istennel! Az Istentől elszakadva élő léleknek, tisztességessé kell válnia ahhoz, hogy meg tudja újítani a kapcsolatot az emberek és Isten között! Ez ítéletem! M.4.25. Ahhoz, hogy az Istentől elszakadt, kizárólag Istenhez tartozhasson, úgy kell élnie, hogy meg tudja újítani a kapcsolatot az emberek és Isten között! Azzal szerezheti meg Isten ítéletétől az életerőt! Bűntől való megtisztulásával újíthatja meg a kapcsolatot az emberek és Isten között, és erősítheti meg az életerő hatalmát! Az a lélek, aki megújítja a kapcsolatot az emberek és Isten között, annak ítéletemmel beteljesítem boldogulását! És akinek beteljesítem boldogulását, az ítéletemmel eljuthat az örökbüntetés helyéről! M.4.26. Aki Isten rendeltetése szerint megújítja a kapcsolatot az emberek és Isten között, annak megtestesíti Isten akaratát sorsában és Isten kitűntjeivel, eljuttatja hozzá az életet! A bűntelen embert ismeri el és újítja meg vele kapcsolatát Isten! És annak az embernek, akivel megújítja kapcsolatát Isten, ahhoz rendeltetésének megfelelően, Isten kitűntjeivel eljuttatja az életet, hogy beteljesítse boldogulását! Akinek ilyen formában alkalmazni tudja Isten élőhelye cselekedeteit, az kizárólag Istenhez tartozhat! Annak az embernek, aki meg tudja változtatni kapcsolatát Istennel, annak elengedi büntetését, és aki Istentől elszakad, annak nem! M.4.27. Az erkölcsileg bűnösnek, időben kell kitűnnie a világi életben lévők közül, hogy megharcolhasson az örökkévalóságban lévő helyért! Amíg élete szemben áll utasításaimmal, addig hibásan cselekszik és ismeretlen marad számomra! Figyelmeztetem azokat, akik Istentől elszakadtak: Az élet azokra vágyik, akik utasításom szerint, tisztességes életükkel válnak többé! M.4.28. Azon életének idején, mikor az Istentől elszakadt ember megérti a tökéletességet és megtisztul, megújítja vele kapcsolatát Isten és eljuttatja hozzá az élet erejét! Azon életének idején, mikor az Istentől elszakadt, megérti a tökéletességet, akkor az Úr segítőjévé válik! M.4.29. Az Istentől elszakadt emberrel akkor újítja meg kapcsolatát Isten, mikor életével erősíteni tudja hatalmát! Az Istentől elszakadt ember, akkor tudja megújítani kapcsolatát Istennel és akkor juthat el az életerő helyére, mikor legyőzi önmaga bűneit! Mert a bűntelen ember újíthatja meg kapcsolatát Istennel és juthat el hozzá! Ez Isten ítélete!

M.4.30. És aki eléri, hogy kizárólag Istenhez tartozik, ahhoz Isten ítélethozatalával, hozzárendeli az élet erejét! Aki meg tudja újítani a kapcsolatot az emberek és Isten között az érheti el, hogy Isten ítéletével, beteljesítse boldogulását! És azoknak a lelkeknek, akik bűneiktől megtisztultak, Isten kitűntjei az életerő hatalmával beteljesítik boldogulásukat és eljuttatják őket az örökbüntetés helyéről! M.4.31.

De minél később válik az ember bűntelenné, annál később tudja megújítani a kapcsolatot az emberek és Isten között, és annál később rendeli hozzá Isten, kitűntjeivel az életet! Mikor elismeri Isten az ember bűntelenségét, akkor újítja meg vele kapcsolatát! Mert Isten elrendelte: Azzal az emberrel újítja meg Isten a kapcsolatot, aki életével megtestesíti Isten akaratát! A bűntelen tartozhat kizárólag Istenhez, mert az teljesíti be sorsát és boldogulását! Tisztességes és jó cselekedeteivel változtathatja meg kapcsolatát az ember Istennel és juthat el, Istenhez! És aki kizárólag Istenhez tartozhat, annak elengedi büntetését Isten, mert ez rendeltetése! M.4.32. Az Istentől elszakadt embernek, időben kell ártatlanná válnia ahhoz, hogy meg tudja újítani kapcsolatát Istennel, hogy eljuthasson hozzá az élet ereje! Mert csak a bűntelen juthat el az Úrhoz, az válhat segítőjévé! M.4.33. Az Istentől elszakadtnak, rá kel találnia élete rendeltetésére, hogy erősíthesse az Isteni hatalmat, hogy megújíthassa kapcsolatát az életerő helyével! Az Istentől elszakadt embernek, le kell győznie önmagát, hogy megújíthassa kapcsolatát Istennel, az élettel! Az embernek, le kell győznie önmagát és teljesen bűntelenné kell válnia ahhoz, hogy megújíthassa kapcsolatát Istennel! Mert a bűnös ember számára, Isten meghatározhatatlan marad! Ez ítéletem! M.4.34. Az Istentől elszakadtan lévők közül az szerezheti meg az életerőt, aki kizárólag Istenhez tartozva él és meg tudja újítani a kapcsolatot az emberek és Isten között! Aki megújítja és megerősíti kapcsolatát az Isteni hatalommal, annak Isten ítélethozatalával beteljesíti boldogulását! Ahhoz a lélekhez, aki bűneitől megtisztul, eljuttatja Isten kitűntjeivel az életerőt és beteljesíti boldogulását! És aki nem tisztul meg, azt az örökbüntetés helyének ítéli! M.4.35. Minél később válik az ember bűntelenné, annál később tudja megújítani a kapcsolatot az emberek és Isten között, és annál később rendeli hozzá Isten, kitűntjeivel az élet erejét! A megtisztult és ártatlan embert, aki Istennel él, elismeri Isten, és megújítja vele kapcsolatát! És aki létre hozza a kapcsolatot az emberek és Isten között, ahhoz Isten rendeltetésével eljut az életerő! A bűntelenné válás eredményeként, megtestesíti Isten akaratát az ember sorsában és beteljesíti boldogulását! Mert a tisztességes ember, kizárólag Istenhez tartozhat! És azzal az emberrel, megújítja kapcsolatát Isten, mert ez rendeltetése! Isten, ítélete: Megújítom kapcsolatom azzal az emberrel, aki eljut hozzám! Az Istentől elszakadt is eljuthat hozzám, és megváltoztathatja kapcsolatát Istennel! Mert aki megteszi, amire utasítottam és kizárólag Istenhez tartozik, annak elengedem büntetését!

5.

M.5.1. De addig az ideig, míg erkölcsileg bűnös és gyalázza a hitet, nem értheti meg a tökéletességet! És az, ismeretlen marad az élő ereje számára és nem üdvözülhet! Itt az ideje, hogy megértsd a tökéletességet és Istennel élj! Mert ígéri Isten: Akiről életének idején azt adják hírül, hogy erkölcsileg bűnös és a bűn uralja életét, környezetét, ahhoz az emberhez nem juthat el az élet ereje! M.5.2. Addig az ideig, ismeretlen marad az életerő számára, amíg erkölcse nem megfelelő! Amíg bármelyik cselekedete is bűnös, addig szükséges, hogy a bűnösök és hitetlenek között maradjon! Amíg hűséges bűneihez, addig szükséges, hogy a bűnösök között maradjon! Addig szükséges, hogy a bűn uralma alatt élő ember, sorsának változásaként a bűnösökhöz kerüljön, míg nem érti a tökéletességet, míg nem válik többé! És amíg erkölcsileg bűnös, addig nem kerülhet el a bűnösöktől! A bűnös ember, pedig jelentéktelen Istennel szemben! M.5.3. A bűnös embernek, életének ideje alatt kell erkölcsössé válnia! Bármennyire is bűnös, addig nem értheti meg a tökéletességet, míg a bűnösöket erősíti! Ne késlekedj, életed idején kell a tökéletességet megértened és erkölcsössé válnod, különben bűnben maradsz! M.5.4. Ne élj meggondolatlanul, cselekedeteddel az életet erősítsd, mert eljön az idő és tanúságtételre hívlak! Ha pedig a bűn uralma alatt maradsz, akkor tested elrohad! Ha értékes számodra életed, akkor befogadod az életet! Ember, élj úgy, hogy örökké élhess! Mert eljön az idő minden ember életében, mikor tanúságtételre hívom! És az a bűnös, aki nem értette meg a tökéletességet és meggondolatlanul, erkölcstelenül cselekszik, az nem menekülhet a bűnösök közül! Ha később megérti a tökéletességet és eredményes lesz élete, akkor megharcolt az örökkévalóságban lévő helyért, az örök életért! M.5.5. Abban az időben harcolt meg a meghatározhatatlanért, az örökkévalóságban lévő helyéért, mikor bizonyságot tesz arról, hogy az erkölcsileg bűnösöktől, az Istentől elszakadtaktól, többé vált! M.5.6. Mikor az erkölcsileg bűnösöktől a tisztességesen élőkhöz jutott! Azon életének idején, mikor megválik az erkölcsileg bűnösöktől és ártatlanul él, akkor az Úr segítőjévé válik! És azokkal a lelkekkel megújítja kapcsolatát Isten, kitűntjein keresztül, akik az Istentől elszakadtak között megértették a tökéletességet! Annak az embernek, akinek alkalmazni tudja Isten élőhelye cselekedetét, azzal megváltoztatja kapcsolatát Isten! Mert az embernek, kizárólag Istenhez kell tartoznia, nem pedig azokhoz, akik elszakadtak Istentől!

M.5.7. Az a lélek, aki időben átalakul és ártatlanná válik, az megvalósítja élete rendeltetését! Annak lelke eljuthat az erkölcsileg bűnösöktől, mert meg tudta újítani kapcsolatát, Istennel! A bölcs ember, bűntelenül él! És a bölcs, bűntelen és tisztességes életével közvetíti az erkölcsileg bűnös lelkeknek, hogy az ember, így újíthatja meg kapcsolatát Istennel! Aki pedig az emberek közül ellenkezik: Nem válik bűntelenné és nem újítja meg kapcsolatát Istennel, azt Isten ítélete várja! M.5.8. Aki életének eredményeként kizárólag Istenhez tartozhat, azzal megújítja kapcsolatát Isten és eljuttatja hozzá az élet erejét! És az Istentől elszakadt emberrel, nem újítja meg kapcsolatát Isten, annak lelke az örökvisszatérők közé kerül! Amíg rendeltetésének megfelelően, életével létre nem hozza az összeköttetést Isten élőhelye és a világi élet között! A bűntelen, tiszta lélek kötheti össze Isten élőhelyével a világi életet! És attól, nem válik el az életerő helyének hatalma! M.5.9. Amint az Istentől elszakadt, megújítja kapcsolatát Istennel, lelke életerőhöz jut és beteljesedik boldogulása! Az összes ember, életének eredményeként juthat életerőhöz és teljesedhet be boldogulása! Amint az Istentől elszakadt ember megújítja kapcsolatát Istennel, eljuthat lelke az örökbüntetés helyéről! M.5.10. Az embernek nem ellenszegülnie kell Istennel, hanem bűntelenné kell válnia, hogy megújíthassa és létrehozhassa kapcsolatát a tökéletességgel! Abban a pillanatban megváltozik a kapcsolat az ember és Isten között, amint kizárólag Istenhez tartozik! És így juthat hozzá az élet erejéhez, mert ez ítéletem! Azon életének idején, mikor az Istentől elszakadt megteszi, amire utasítottam, megváltoztatom vele kapcsolatom és kizárólag hozzám tartozhat! És a hagyománynak megfelelően, elengedem büntetését! M.5.11. A bölcs, időben bűntelenné változik és megvalósítja életének rendeltetését! A bölcs, átadja az Istentől elszakadt embereknek: hogy alakulhatnak bűntelenné, hogy hozhatják létre és újíthatják meg kapcsolatuk, Istennel! Minden ember maga dönti el, hogy a menytől vagy a világi élettől teszi függővé életét! Aki az örökbüntetést választja a tisztaság és megvilágosodás helyett, annak elszáll és elszakad lelke, Istentől! Azzal az emberrel nem újítja meg kapcsolatát Isten, aki nem tartozik hozzá, aki élete eredményével nem erősíti! Aki kizárólag Istenhez akar tartozni, Isten emberévé akar válni, az cselekedeteinek eredményességével vállaljon áldozatot! Mert amíg Istentől elszakad az ember, addig nem újíthatja meg kapcsolatát Istennel és nem juthat el lelke az örökkévalóságba! M.5.12. Figyelmeztetlek: az tartozhat kizárólag Istenhez és ahhoz jut el Isten, aki megragadja az életének idejéül adott alkalmat és eléri, hogy a jelentéktelenségből, kizárólag Istenhez tartozhasson! Bűntelenné válásoddal tartozhatsz Istenhez, azzal teljesítheted be, Isten akaratát! És Isten ítélete megtestesül sorsodban, mert beteljesíti boldogulásod! Az Istentől elszakadt lélek, tisztességessé válva újíthatja meg kapcsolatát Istennel! Mert az embernek kell megújítani a kapcsolatot, Istennel!

M.5.13. Ember, ilyen formában cselekedj, hogy Isten élőhelye alkalmazni tudja cselekedeted, hogy megváltozhasson kapcsolatod Istennel! Te kizárólag Istenhez akarsz tartozni, vagy el akarsz szakadni Istentől? Mikor az

Istentől elszakadt többé válik és megteszi, amire utasítottam, azon életében juthatnak el hozzá, Isten kitűntjei! Mikor kizárólag Istenhez tartozik és az örökkévalóságban lévő helyért harcol, akkor elengedem büntetését! És aki megújítja kapcsolatát Istennel, az Isten kitűntjeivel élhet! M.5.14. Minél később nyilatkozol meg Istennek, megtisztult, tisztességes életeddel, annál később élhetsz az élet erejével! M.5.15. Aki most erkölcsi bűnben él, az időben tegyen meg mindent megtisztulásáért, tisztességes életéért, mert amíg megbízhatatlanul, hibásan cselekszik, addig nem különítem el a bűnösöktől! Az erkölcsileg bűnös lelkek közül, tisztességessé válva juthat el az ember az Úrhoz és újíthatja meg kapcsolatát, Istennel! Abban a pillanatban amint az akaratos, bűntelenné válik, Isten kitűntjei dicsőítik cselekedetét és eljuttatják hozzá az élet erejét! Aki bölcsen az erkölcsileg bűnös emberek között tisztességessé válik, és kizárólag Istenhez tartozik, az megújíthatja kapcsolatát Istennel és Isten jókívánságával élhet! M.5.16. Mert aki az erkölcsileg bűnösök között megszerzi a tisztaságot, az kizárólag Istenhez tartozhat! És aki cselekedetei következményeként kizárólag Istenhez tartozik, ahhoz eljuthatnak Isten kitűntjei az élet erejével, és gyógyulást juttathatnak az ember testébe! Ilyen formában növeli azok életerejét Isten élőhelye, akiknek alkalmazni tudja cselekedetét, akik hozzá tartoznak! Azok között az emberek és Isten között, megváltozik a kapcsolat, akik kizárólag Istenhez tartoznak! Azoknak az embereknek, akik megújítják kapcsolatuk

Istennel, elengedi büntetését! Akik akaratosak maradnak, azok lelke pedig az erkölcsileg bűnösökhöz kerül! M.5.17. Utasít a meghatározhatatlan: Jelentéktelen életed idején, alakítsd át erkölcsileg bűnös életed tisztességessé, mert a bűntelen emberről, gondoskodik Isten! De arra nem vágyik Isten, aki a rendelkezésére álló időben, nem tesz meg mindent azért, hogy megértse a tökéletességet! Azzal az erkölcsileg bűnösök válnak többé, és az nem juthat az Úrhoz! Az erkölcsileg bűnös ember a bűn uralmának erejével és nem az élet erejével van hatással, környezetére! M.5.18. Az akaratoshoz, akkor jutnak el Isten kitűntjei, mikor bűntelenül, tisztességesen él! De dicsőíti azt a lelket Isten és megújítja kapcsolatát azzal, aki nem az Istentől elszakadtakhoz, hanem kizárólag hozzá tartozik! Azzal az emberrel, akinek alkalmazni tudja Isten élőhelye cselekedetét, megváltoztatja kapcsolatát Isten! Azzal pedig nem, aki hibázik, és nem érti a tökéletességet! Azon életének idején, mikor nem hibázik az ember és kizárólag Istenhez tartozik, akkor elengedi büntetését Isten! M.5.19. Az Istentől elszakadt lélek is megújíthatja a kapcsolatot az emberek és Isten között, amint tisztességesen él! De az Istentől elszakadt embernek, meg kell tennie mindent azért, hogy bűntelenné váljon! Mert csak a bűntelen emberről gondoskodik Isten!

6.

M.6.1. Tisztulj meg, hogy újra megnyilatkozhasson Isten, az élet ereje! M.6.2. Abban az időben juthat el hozzád az élet, mikor az erkölcsileg bűnösök és megbízhatatlanok között, mindent megteszel azért, hogy tisztességessé válj! A bűntelen emberről gondoskodik Isten, mert az megértette a tökéletességet és annak erkölcse megfelelő! A tisztasággal védekezhetsz az ellen, hogy hatalmam felelőssé tegyen, életedért! Mert a bűnös, nem lehet szövetségesem! Aki hatalmamhoz tartozik, ahhoz eljuttatom az életet! De a bűnös, nem kényszeríthet szövetségre, mert az idegen az élet számára! M.6.3. Aki életének idején nem talál a tisztaságra, az nem tartozhat hozzám! Lelj a tisztaságra, mert azzal védekezhetsz, mikor tanúságtételre hívlak! Bármelyik embert terhelhet erkölcsi bűn, de aki eléri, hogy helytelen életét megváltoztatja, ahhoz Isten, kitűntjeivel életerőt juttat! M.6.4. Most felfedem a titkot: Az élet helyére, megtérhet az Istentől idegen is, amint elszakad az erkölcsileg bűnösöktől és életével többé válik Isten! Aki idegenkedik ettől, azt felelőssé teszem és kényszerítem, hogy bűntelenül éljen! Addig teszem felelőssé és addig fogom kényszeríteni, míg rá nem ébred, hogy tisztán, bűntelenül kell élnie! Mert csak így lelhet az élet titkára! M.6.5. Bárki, aki többé válik a helytelenül élők közül azt tanúságtételre hívom, mert a jót elismerem, és a gonoszt megbüntetem! Aki létrehozza az összeköttetést velem, bűntelen, erényes és tiszta életével, ahhoz gyógyulást juttatok, mert az hozzám tartozik! Azt az embert, aki életének idején rátalál rendeltetésére és eljut hozzám, azt elismerem! És aki elszakad Istentől, az elszakad az élettől is! M.6.6. Az akaratos, Istentől elszakadt embernek, bűntelenné és tisztességessé kell válnia, hogy Isten kitűntjei eljuttathassák hozzá az életet! A tisztességest dicsőíti Isten, mert az kizárólag hozzá tartozik! Az Istentől elszakadt embernek, meg kell újítania kapcsolatát Istennel, hogy eljuthasson hozzá az élet! M.6.7. Aki ilyen formában változtatja meg a kapcsolatot az emberek és Isten között, annak cselekedeteit, alkalmazni tudja Isten élőhelye! Ahhoz a lélekhez eljuttatom kitűntjeimet és elengedem büntetését, aki megteszi, amire utasítottam, és az erkölcsileg bűnösök között tisztességessé válik, és kizárólag Istenhez tartozik! M.6.8. És a bűneitől megtisztult, tisztességes emberrel, Isten az élet ereje, újra megnyilatkozhat!

M.6.9. Az élet ereje tisztán látja, hogy utasításait ki fogadja örökbe! És azzal a bűntelen emberrel, megújítja kapcsolatát Isten! Mert Isten ítélete: Utasítom az embert, hogy alakítsa bűntelenné életét, hogy többé válhassak vele, hogy megújíthassam vele kapcsolatom! Mert akivel többé válik Isten, annak ítéletével beteljesíti boldogulását! A bűntelen, békességben élhet! Ítéletemmel megállítom a káosz erejét, az a bűntelent nem érheti! Annak Isten kitűntjei, ítéletemmel beteljesíthetik boldogulását, szellemileg megvilágosíthatják és megismertethetik vele Istent! M.6.10. A tisztasággal, olyan változáson megy át az ember, ami miatt kizárólag Istenhez tartozhat! Aki kizárólag Isten élőhelyéhez akar tartozni, annak át kell mennie ezen a változáson és hűségesnek is kell maradnia a tisztasághoz! Isten, élőhelyére azokat a lelkeket gyűjti a bűn uralma alatt lévő emberek közül, akik tisztán, bűntelenül élnek! A bűnbánó, alázatos emberrel, megújítja kapcsolatát Isten és ítéletével beteljesíti boldogulását! Mert annak, aki erősíti az életet, ítéletével beteljesedhet boldogulása! És aki nem, annak ítéletével az újjászületést ígéri! M.6.11. Minél később dicsőíti az Urat cselekedeteivel, annál később nyilatkozik meg számára Isten! Amíg eltér a becsületességtől, addig nem tartozhat Istenhez! Addig az örökbüntetés helyéhez tartozik és oda is fog újjászületni! Mert a bűnbánó és alázatos ember tartozhat Istenhez és juthat ki, az örökbüntetés helyéről! Ez, az Úr jelenlétének titka! M.6.12. De aki többé válik, annak ítéletemmel beteljesedhet boldogulása! Aki teljesen megtisztul, annak ítéletemmel megállítom életének idejét! És aki nem, annak élete az időtől függ és a bűn uralma alatt várakozhat! Aki növeli az emberek között a tisztaságot és kizárólag Istenhez tartozik, arra ítéletemmel kiterjesztem a halhatatlanságot! Annak értelmét, Isten kitűntjei megvilágosítják és megismertetik vele Istent! Mert a bűntelen ember, megújíthatja ítéletemmel kapcsolatát

Istennel! A teljesen megtisztult embert ismeri el Isten, és megtestesítve akaratát sorsában, megújítja vele kapcsolatát! Mert Isten elrendelte: Az embernek, meg kell újítania a kapcsolatot Istennel, az élettel! M.6.13. A bűntelen életének idejét, ítéletemmel megállítom és beteljesítve boldogulását, megtérhet hozzám! És aki nem válik bűntelenné, az ítéletemmel a bűn uralma alatt lévő emberek között fog várakoznia, az életre! M.6.14. Az embernek az életért, át kell alakítania bűnös életét és meg kell újítania kapcsolatát, Istennel! Isten tisztán látja, hogy ki újította meg kapcsolatát Istennel, hogy kit fogadhat örökbe az emberek közül! És Isten, utasít minden lelket: Éljetek tisztességesen és beteljesedhet boldogulásotok!

M.6.15. Újítsátok meg kapcsolatotok Istennel és életetekkel harcoljatok meg az örökkévalóságban lévő helyért, hogy megszerezhessétek az örök életet! A bűntelen ember, Isten embere, mert az rátalált rendeltetésére és kizárólag Istenhez tartozik! De aki nem újítja meg kapcsolatát Istennel, az nem tartozhat hozzá, az a lélek elszáll a jelentéktelen életbe! Azon életének idején, mikor az ember bűntelen cselekedeteivel vállal áldozatot, Isten kitűntjeivel eljuttatja hozzá ítéletét! Figyelmeztessétek a lelkeket, aki hozzám akar tartozni az emberek közül, annak rendeltetésem szerint, tisztességessé kell válnia és jól kell cselekednie, mert csak annak teljesedhet be boldogulása! M.6.16. Tisztán látom, hogy az emberek közül, kit fogadhatok örökbe és kinek állíthatom meg, életének idejét! Aki nem uralja erkölcsét és nem tartozik kizárólag Istenhez, annak nem állíthatom meg életének idejét! Azokat a lelkeket gyűjtöm össze, akik Istennel békében élnek! Élj békességgel, rendeltetésem szerint és mindezt megélheted! M.6.17. Aki nem uralja erkölcsét, azzal nem újítja meg kapcsolatát Isten, és azt nem juttatja hozzá az Isteni kinyilatkozás energiájához! Mert az Istentől elszakadt ember, nem tartozhat Isten kitűntjeihez és az örök élethez! De azt az embert, elkülöníti Isten az erkölcsileg bűnösöktől, aki megújítja kapcsolatát Istennel! Tényleg így van, minden lélek megítélésre kerül? M.6.18. Lásd tisztán, azt fogadhatom örökbe Isten kitűntjei közé, aki megharcol életével az örökkévalóságban lévő helyért! És akit az Úr örökbe fogad, az a lélek soha el nem múlik! Válj többé és tűnj ki tisztességes életeddel, mert úgy harcolsz meg az élet ésszerű állapotért! Akinek erkölcse megfelelő, azzal élete eredményeként megújítja kapcsolatát Isten és Isten élőhelyén élhet! Így válj többé és ítéletemmel, kizárólag hozzám tartozhatsz! M.6.19. Hogy Isten újra megnyilatkozhasson a tisztességes és megtisztult, élete erejében! M.6.20. Lásd tisztán, az Úr azt fogadja örökbe az emberek közül, aki megújítja kapcsolatát Istennel! És azon életének idején újíthatja meg kapcsolatát Istennel az ember, mikor tisztességesen él! Abban az időben különíti el Isten az élet számára az örökbüntetés erejétől, mikor bűntelenné válik! Hogy elszáll a mennybe vagy a világi élettől válik függővé, azt minden lélek cselekedetével dönti el! Az ember, bármikor megújíthatja kapcsolatát Istennel és Istenhez tartozhat, amint megvilágosodva él! De amíg nem él bűntelenül, addig szellemileg nem világosodhat meg, és nem ismerheti meg Istent! Mert a bűnöst, az örökbüntetés ereje uralja! M.6.21. Aki létrehozza a kapcsolatot Istennel, azt az Isteni hatalom a halhatatlansággal és bőséggel védelmezi! Aki kizárólag Istenhez tartozik, mint Isten embere azt Isten kitűntjei megerősítik az élettel! A bűn uralma alatt lévő ember, tisztasággal juthat el és újíthatja meg kapcsolatát az élettel! Az ember, tisztességes, jó cselekedeteivel újíthatja meg kapcsolatát Istennel és válhat az élet részévé!

M.6.22. Az örökkévalóságban lévő helyért megharcol, aki tudásával megtestesíti a szellemi hatalmat! Azt Isten elkülöníti örökbefogadottjaihoz, mert az kizárólag Istenhez tartozhat! Aki tisztességes, bűntelen életével harcol az élet ésszerű állapotáért, az a lélek soha el nem múlik, mert annak Isten, kitűntjeivel megtestesíti akaratát sorsában! M.6.23. Mikor kizárólag Istenhez tartozik az ember, akkor megújítja vele kapcsolatát Isten és akkor juttathatják el hozzá Isten kitűntjei, az életet! Isten, kitűntjeivel vágyakozik arra, hogy ítéletével eljuttathassa az életet ahhoz, aki életét jelentősen átalakította! De arra nem vágyik, aki nem akar élővé válni! M.6.24. Isten, a megtisztultnak újra megnyilatkozik az élet erejével! M.6.25. Tisztán látja Isten, hogy kit fogadhat örökbe, hogy kinek nyilatkozhat meg az élet erejével! Az Istentől elszakadt lelkeket, pedig utasítja: Alakítsátok át életetek és újítsátok meg kapcsolatotok Istennel! Mert azon életetek idején, mikor legyőzitek önmagatok és bűntelenné váltok, megújíthatjátok a kapcsolatot Istennel! Isten, ahhoz az emberhez rendeli hozzá ítéletével az élet erejét, aki teljesen legyőzte bűnös vágyait! És az Istentől elszakadt lélek, Istenhez: Tényleg így van, a tisztességessé vált emberrel, megújítja kapcsolatát Isten? Azt az embert különítem el és arra a lélekre hagyom az élet erejét, aki hozzám tartozik! M.6.26. Az Istentől elszakadt emberrel, azon életének idején újítja meg kapcsolatát Isten, mikor kizárólag Istenhez tartozik! És az a lélek tartozhat kizárólag Istenhez, aki békében él Istennel! Akik békés életükkel létrehozzák a kapcsolatot az élettel, azokat összegyűjti Isten az örök életbe! M.6.27. Isten kitűntjeinek rendeltetése, hogy azokat az embereket, akik többé változtatott életükkel hatni tudnak a bűn uralma alatt lévőkre, azokat elkülönítsék a kizárólag Istenhez tartozók közé! Isten kitűntjeinek rendeltetése, hogy hozzárendeljék az életerőt azokhoz, akik időben kizárólag Istenhez tartoznak! De a tisztátalanok számára, ismeretlen marad az életerő! Azokhoz, akkor rendelhetik az életerőt, mikor megtisztultak! Mert az életerőért, meg kell tisztulnia az embernek! M.6.28. Aki az engedetlen és tisztátalan szellemek börtönében bűntelenné változik azt a bűnösök közül, a halhatatlanságba és bőségbe jutassátok! Aki időben tisztává alakítja életét, azt a halhatatlan és bőséges életbe juttassátok! Minden lélek, élete idején tisztulhat meg bűneitől! Te már megtisztultál? M.6.29. Tényleg így van, azt elkülönítik Isten kitűntjei az engedetlen és tisztátalan szellemek börtönétől, akit az Úr örökbe fogad, aki kizárólag Istenhez tartozik? És az örökké élhet? M.6.30. Az Istentől elszakadt lélek is megújíthatja kapcsolatát Istennel és hozzájuthat a meghatározhatatlan életerőhöz, amint békében él Istennel! Ítéletemmel, azokat gyűjtsétek össze az emberek közül, akik kizárólag Istenhez tartoznak! Ha pedig az Istenhez tartozó ember, megváltoztatja kapcsolatát Istennel, már nem élhet az élet erejével! Ahhoz a lélekhez, nem rendelhetik az élet erejét, mert annak élete megszűnik, ítéletemmel!

7.

M.7.1. Tényleg így van, az erkölcsileg bűnös ember is megújíthatja kapcsolatát Istennel, csak el kell különülnie a bűntől és Isten utasításai szerint kell átalakítania életét! M.7.2. Azon életének idején, mikor legyőzi önmagát és bűntelenné válik az ember, megújíthatja kapcsolatát Istennel! És Isten, hozzárendeli ítéletével az életerőt! Mert az erkölcsileg bűnös embernek, önmaga legyőzésével kell bizonyítania az Isteni hatalom létezését! És akivel megújítva kapcsolatát Isten, annak a léleknek beteljesíti boldogulását és hozzájuttatja az élet erejéhez! Mert az ember rendeltetése, hogy az örökkévalóval az örökkévalóságban éljen! M.7.3. Isten elrendelte: A kapcsolatnak Isten, az élet és az emberek között, meg kell újulnia! Aki az emberek közül megújítja kapcsolatát Istennel, ahhoz Isten kitűntjei, azon életének idején, mikor megújul a kapcsolat az ember és Isten között, eljuttathatják az élet forrását! Mert aki Isten rendeltetése szerint él, az beteljesíti a parancsolatokat! És aki nem, azt szégyelli az élet! M.7.4. A bölcs ember, Isten rendeltetése szerint megújítja a kapcsolatot Isten az élet és az emberek között! És arra, kiterjeszti Isten az élet erejét, hogy a sors csapásait el tudja viselni! De azon életének idejéig erőtlenül él, míg többé válásával a szellemi hatalmat meg nem testesíti! Az élet erejének jelentősége, hogy aki azzal él az emberek közül, az el tudja viselni a sors csapásait! És arra haragszik az élet, akit nem gyűjthet erejéhez! M.7.5. Aki Isten rendeltetése szerint megtisztul, és kizárólag Istenhez tartozik, annak megtestesíti Isten akaratát sorsában és beteljesíti boldogulását! A tisztességes emberrel, megújítja kapcsolatát Isten! És aki erkölcsi bűnben él, azzal nem újítja meg kapcsolatát Isten! Ez Isten ítélete, az ember számára! M.7.6. Az engedetlen és tisztátalan szellemek börtönében, aki kizárólag Istenhez tartozik, azt az Úr örökbe fogadja és Isten kitűntjeivel, eljuthat hozzá! Tényleg így van, az élhet, és az tartozhat kizárólag Istenhez, akit Isten kitűntjei elkülönítenek az élet számára! M.7.7. De figyelmeztetem az Istentől elszakadt lelkeket: Ahogy az Istentől elszakadt lélek megújítja kapcsolatát Istennel, Isten is úgy újítja meg kapcsolatát az emberrel! Az ember, bűnös élete átalakításával juthat el Istenhez, az élethez! És ahhoz az emberhez, aki utasításomnak megfelelően kizárólag Istenhez tartozva, megváltoztatja a kapcsolatot az emberek és Isten között, ahhoz eljuthat az élet!

M.7.8. Az embernek, életének ideje alatt kel bűntelenné válnia, hogy kizárólag Istenhez tartozhasson, hogy megújíthassa a kapcsolatot Istennel! Az embernek, a bűn uralma alatt kell megújítania a kapcsolatot Istennel, hogy Isten ítéletével eljutathassa az emberhez, az élet erejét! Az embernek, azon életének idején ítéli meg Isten az élet erejét, mikor megújítja vele a kapcsolatot! Az élhet és tartozhat kizárólag

Istenhez, aki így válik többé az emberek között!
M.7.9. De mielőtt Isten kitűntjei eljuttatnák az
életerőt az emberhez, próbára teszik, hogy azon
életének idején, hogyan újította meg kapcsolatát
Istennel! És azzal az emberrel, aki kizárólag
Istenhez tartozik, akivel többé válik Isten, Isten
kitűntjei megújíthatják a kapcsolatot! Ahhoz,
közvetíthetik az Isteni kinyilatkozás energiájával
a halhatatlanságot és bőséget! Akivel pedig
létrehozzák a kapcsolatot, az Isten védelmével
élhet! És akivel nem, annak az embernek a bűn
uralma alatt, az élet mulandóságával kell élnie!
M.7.10. Azzal az emberrel, aki kizárólag
Istenhez tartozik, azzal egyé válik Isten! És az a
dicsőséges ember, akivel megújítja kapcsolatát
Isten, az birtokolhatja az Isteni megbízatással az
élő erőt! Mert tisztán látja Isten, hogy kinek az
életével válik többé az élet ereje, hogy kit
fogadhat örökbe, Isten kitűntjei közé! Ne
ellenkezz, te is válj eggyé Isten kitűntjeivel!
M.7.11. Ember, Isten az életed átalakítására
utasít! És azon életed idején fogja megújítani
veled a kapcsolatot Isten, mikor elismeri, hogy
tisztességessé váltál! És az ember is, akkor
újíthatja meg kapcsolatát Istennel! M.7.12. Azt
az embert, aki időben megújítja a kapcsolatot az
élettel, híressé teszi Isten! Híressé teszi, mert úgy
élt, hogy megújíthatta a kapcsolatot Istennel!
Megújíthatta a kapcsolatot Istennel, mert
kizárólag Istenhez tartozva, Isten embereként élt!
És azokat az embereket, akik nem uralják
erkölcsüket, a jelentéktelenségbe egyesíti! Akik
nem uralják erkölcsüket, csak magukat
hibáztathatják, mert nem tartoztak kizárólag

Istenhez és nem váltak Isten emberévé! A bűn uralma alatt lévő ember, értelmes döntésein keresztül válhat bűntelenné! És aki kizárólag Istenhez tartozik, és Isten emberévé válik, annak lelke elszállhat a tisztaságba! És aki nem, az nem válhat eggyé Istennel, mert az a jelentékteleneket erősíti! M.7.13. És ígérem, addig fog az ember a bűn uralma alá, a jelentéktelenségbe újjászületni, míg nem tud uralkodni erkölcsén! Akkor juthat el hozzá az élet, mikor meg tudja újítani kapcsolatát Istennel! Mikor elismeri az ember életét Isten, akkor megújítja vele kapcsolatát, és híressé teszi! M.7.14. És akivel az emberek közül megújítja kapcsolatát Isten, ahhoz kitűntjeivel életet juttat! A tisztességes ember újíthatja meg kapcsolatát Istennel, az élettel! Aki az emberek között többé válik és megújítja kapcsolatát Istennel, azt Isten élőhelye megjelöli! Akinél elismeri Isten, hogy bűntelenné vált, hogy kizárólag Istenhez tartozhat, azzal az emberrel megújítja kapcsolatát és eljuttatja hozzá, az élet erejét!

M.7.15. És a bűn uralma alatt lévő emberek közül, akinél elismeri Isten, hogy megújította vele kapcsolatát, azt híressé teszi! Akivel az emberek közül, életének ideje alatt megújítja kapcsolatát Isten, az örökké élhet! De arra az emberre, nem bízza az örök életet Isten, aki életének ideje alatt szellemileg nem világosodott meg, és aki nem ismerte meg Istent! M.7.16. És ígéri Isten az embernek: Aki életének ideje alatt, saját elhatározásából megújítja kapcsolatát Istennel, az uralhatja az életet! Azon életének idején újíthatja meg kapcsolatát az ember Istennel, mikor bűntelenül él! Mikor megújítja kapcsolatát az ember Istennel, akkor Isten megállítja életének idejét! De azzal az emberrel, aki ellenkezik Istennel, nem újítja meg kapcsolatát Isten és nem állítja meg, életének idejét! M.7.17. Mert rendeltetése az embernek, hogy a bűn uralma alatt megújítsa a kapcsolatot Istennel! Isten, ítéletével megállítja annak az embernek is életének idejét, aki minden nehézség ellenére, kitart az erkölcsös élet mellet! Téged vajon, hogy fog megítélni Isten? M.7.18. Mert annak az embernek juttat elismerést Isten, aki a bűn uralma alatt lévő életben, időben erkölcsössé válik és megújítja kapcsolatát Istennel! De annak nem, akivel életének idején nem válik többé az élet! Elvárja Isten az embertől, hogy rendeltetésének megfelelően, helyesen éljen, hogy megújíthassa vele kapcsolatát! Mert azzal az emberrel, akinek romlott élete és még ezen felül nem is válik többé, nem újítja meg kapcsolatát Isten! A bűn uralma alatt lévő ember, bűntetteinek erejével van hatással környezetére! És addig nem élhet az Úrral, míg élete az élet előnyére nem válik! De amint ez megtörténik, az Úr magával viszi! M.7.19. Isten kitűntjei vigyáznak arra, hogy a bűn uralma alatt lévő ember, amíg bűnös, nem élhet az élet erejével! Addig nem ítélik meg a bűn uralma alatt lévő embernek az élet erejét, míg erkölcse nem megfelelő! Ennek megfelelően, azon életének idején ítélik az élet erejét Isten kitűntjei az embernek, mikor a bűn uralma alatt becsületessé válik! M.7.20. Azzal az emberrel újítja meg a kapcsolatot Isten, a bűn uralma alatt lévő emberek közül, akinek élete, kötelékül szolgál a viszály és háború nélküli állapot megteremtésére! Azokra az emberekre kiterjeszti az életet, akik a bűnösök között, tisztességesen tudnak élni! De a hasznavehetetlen embereket, és akik hozzájuk hasonlóak, kiírtja azok közül, akik kitűnnek életükkel, akik megharcolnak az örökkévalóságban lévő helyért! M.7.21. Az embernek vigyáznia kell, mert ha életének idején bármiben bűnös, vagy bűnök között él és hűséges a bűnhöz, akkor nem juthat Isten elismeréséhez és nem újíthatja meg kapcsolatát Istennel! Mert bármiben is bűnös, az rossz az ember életének! Azon életének idejéig, míg a bűn uralja az ember életét és nem él tisztességesen, addig hasznavehetetlen az élet számára, ezért kiírtja azt azok közül az emberek közül, akik kitűnnek életükkel és megharcolnak az örökkévalóságban lévő helyért!

M.7.22. Aki megtisztultan, tisztességesen él, azáltal nyilatkozik meg újra Isten az élet erejével! M.7.23. Aki Istennel együtt harcol, mint örökbefogadottja, azáltal nyilatkozik meg Isten, az élet erejével! Türelemmel várja Isten, hogy az emberek, rendeltetése szerint éljenek, hogy megértsék a tökéletességet! Mert aki életét jelentősen átalakította, bűnösből ártatlanná, azzal megújítja kapcsolatát Isten! M.7.24. Aki a hitetlen emberek között, Isten rendeltetése szerint él, azzal megújítja kapcsolatát Isten és megváltoztatja sorsát! De az ember választja meg, hogy Isten rendeltetése szerint él vagy hitetlenül! Bárki megújíthatja a kapcsolatot, Isten és az emberek között! De azt Isten ítéli meg, hogy ki vált Isten élőművévé, kinek tudta alkalmazni cselekedetét és ki élhet Isten élőhelyén! És arról is, hogy ki élhet és ki nem! M.7.25. Mert az nem felel meg Istennek és azzal nem is újítja meg kapcsolatát, aki rossz hírűen, hitetlenül él! Isten elrendelte az embernek, hogyan kell élnie ahhoz, hogy megújítsa vele kapcsolatát! Azon életének idején, mikor tisztességesen él az ember, megújíthatja kapcsolatát Istennel és el is juthat hozzá! De amíg nem él azokhoz hasonlóan, akik kitűntek életükkel és megharcoltak az örökkévalóságban lévő helyért, addig hasznavehetetlen az élet számára! És azokat az embereket, ítéletével kiírtja az élők közül! M.7.26. Akármelyik életének idején, amíg nem alakítja életét bűntelenné és nem marad ahhoz hűséges, amíg nem él békességben és nem válik jelentőssé az élet ereje számára, addig nem élhet az élet erejével! M.7.27. Isten kitűntjeit jellemzi, hogy az élet erejével élnek! Az élhet így az emberek közül, aki az örökkévalóságban lévő helyért harcolva, kitűnik életével! De az nem, aki hasznavehetetlen az Úr számára, mert azt kiírtja! M.7.28. Isten, újra meg fog nyilatkozni a tisztességesen és megtisztultan élőnek, az élet erejével! M.7.29. Aki Istennel együtt harcol, mint örökbefogadottja, annak Isten megnyilatkozik az élet erejével: Elismerem, hogy megújítottad a kapcsolatot az emberek és Isten között! Tisztességes életeddel újítottad meg a kapcsolatot, az emberek és Isten között! Mert aki az emberek között tisztességes, azzal Isten is megújítja a kapcsolatot! És az a lélek, akinél elismeri Isten, hogy megújította a kapcsolatot az emberek és Isten között, az hozzá juthat az élet erejéhez! M.7.30. A tisztesség olyan hatalom, amivel az ember megújíthatja kapcsolatát Istennel és eljuttathatja lelkéhez az élet erejét! Aki Isten rendeltetése szerint bűntelenül él, az ítéletével megújíthatja a kapcsolatot, az emberek és Isten között! És annak ígérem, hogy újjá fog születni az élet erejével! És ígérem annak a léleknek, aki meginog, és nem válik tisztességessé, az nem születhet újjá az élet erejével, mert az nem juthat hozzá!

M.7.31. Mert aki bűntelen az él Isten rendeltetése szerint, és az tartozhat kizárólag Istenhez! Az újíthatja meg a kapcsolatot az emberek és Isten között, és annak sorsában megtestesítve akaratát Isten, beteljesíti boldogulását! Mert Isten tisztán látja, hogy kit fogadhat örökbe, hogy kivel válik többé, hogy kinek ígérheti az újjászületést az élet erejével! M.7.32. Akinél az emberek közül elismeri Isten, hogy kizárólag hozzá tartozik, az a dicsőséges lélek, birtokolhatja az Isteni megbízatást és hozzájuthat a halhatatlansághoz! Aki megújítja kapcsolatát Istennel, azt Isten megjelöli, hogy eljuthasson Isten élőhelyére! M.7.33. Lásd tisztán, Isten azt fogadhatja örökbe és ahhoz juttathat életerőt az emberek közül, akinél elismeri, hogy az örökkévalóságban lévő helyért harcolt, hogy meg tudta újítani a kapcsolatot

Istennel! Mert Isten rendeltetése, hogy megújítsa a kapcsolatot azzal az emberrel, aki úgy él, hogy megújítja a kapcsolatot, az emberek és Isten között! Rendeltetése, hogy ahhoz a dicsőséges emberhez, akivel többé válik Isten, eljuttassa a halhatatlanságot! Mert aki Istenhez tartozik, arra terjeszti ki, és azt bízza meg, hogy birtokolja az élet halhatatlanságát! M.7.34. És aki meginog, annak ígéri Isten: Újjá kell születned, míg nem válsz bűntelenné! De akinél elismeri Isten, hogy kizárólag hozzá tartozik, hogy megújította vele a kapcsolatot, hogy együtt harcolt vele, mint örökbe fogadottja azt Isten élőhelye megjelöli, és a halhatatlansághoz juttatja! Tisztán látom az ember életének eredményét, és az tartozhat hozzám, mint örökbefogadottam és juthat a halhatatlansághoz: Aki Istennel együtt harcolva, biztosítja a békét és igazságosságot az emberek között! M.7.35. Lásd tisztán, aki tisztességes az tartozhat Istenhez, azt fogadhatja örökbe és különítheti el, élőhelye számára! Mert aki az emberek közül Istenhez tartozik, azt ítéletével elkülöníti az örökkévalóság számára és megújítja vele kapcsolatát! Az embernek, életének ideje alatt azért kell harcolnia, hogy tisztességessé váljon, hogy kizárólag Istenhez tartozzon, hogy életével erősítse Istent! Mert azon életének idején, mikor erősíti Istent, Isten is megsegíti! M.7.36. Utasít Isten, hogy válj tisztességessé! Mert mikor azzá válsz, azon életed idején juthatsz el Istenhez, mint örökbefogadottja és harcolhatsz együtt Istennel! Azon életed idején, mikor azzal tűnsz ki az emberek közül, hogy biztosítod számukra a békét és igazságosságot, akkor Istenhez tartozhatsz! És akkor, Isten elkülönít a halhatatlanság számára! M.7.37. Ez Isten ítélete az ember számára: Azzal az emberrel újítja meg kapcsolatát Isten, aki bűntelenül él! Az Istentől elszakadt, erkölcsileg bűnös lélek, nem újíthatja meg kapcsolatát Istennel! Azzal újítja meg kapcsolatát Isten és az tartozhat Isten élőhelyéhez, aki az emberek közül, betartja Isten utasításait! Akit elismer Isten az emberek közül, azzal megújítja kapcsolatát! És a bűnös embert utasítja Isten: Változtass életeden és újítsd meg kapcsolatod Istennel!

M.7.38. Utasítlak, azonnal tisztulj meg és élj tisztességesen! Mert aki nem él bűntelenül, azt az engedetlen és tisztátalan szellemek börtönének ereje lehúzza, az élettelenek közé! Azon pedig nincs hatalma az örökkévalónak és az nem élhet az örökkévalósággal! De azon életed idején, mikor megfogadod utasításaimat és Istennel együtt harcolsz, mint örökbefogadottja, akkor már nem húzhat le az engedetlen és tisztátalan szellemek börtönének ereje az élettelenek közé! De aki nem él bűntelenül, azon nincs hatalma az örökkévalóságnak! És a bűnösnek és élettelennek sem lehet hatalma, az élet felett! A tisztességes ember újíthatja meg a kapcsolatot, Istennel!

8.

M.8.1. Az előzőeken túl, még megnyilatkozik Isten az élet ereje, a megtisztultnak, a tisztességesen élőnek: M.8.2. Tisztán látom, hogy ki szerzett meg, hogy ki fogadott örökbe, hogy ki tartozik hozzám! Aki kigyógyult bűneiből az tartozhat kizárólag Istenhez, az Isten embere! Türelemmel várja Isten, hogy az Istentől elszakadt lélek is megújítsa vele kapcsolatát! Aki bölcsen él az emberek között, az megújíthatja kapcsolatát Istennel! És aki az emberek közül a bűn uralma alatt erkölcstelenül, akaratosan él az nem élhet Isten élőhelyén! M.8.3. Arra összpontosíts életed idején, hogy bűntelenné válj, hogy Istennel békében élj! Mert azokat gyűjtöm össze, az engedetlen és tisztátalan szellemek börtönéből! És akiket összegyűjtök, azok velem élhetnek! M.8.4. Arra összpontosíts az életed idejéül adott pillanatban, amire az élet ereje utasít, hogy megtisztultan, tisztességesen és Istennel békében élj! Mert összegyűjtöm azokat az engedetlen és tisztátalan szellemek börtönéből, akik megteszik, amire utasítottam! Összegyűjtöm azokat, hogy éljenek! M.8.5. Mert akik megteszik, amire az élet ereje utasít, azokat abban a pillanatban, ahogy megtisztulva, tisztességesen cselekednek, összegyűjti Isten! M.8.6. Tisztán látom, hogy ki tisztult meg, hogy kinek a lelke növelheti örökbefogadottaimat! Mert a bűnös léleknek, meg kell tisztulnia! Te is, megtisztulva érkezhetsz az Úrhoz! M.8.7. Bűntelenül világosodhat meg értelmed és ismerheted meg Istent! Isten, élőhelyéről tisztán látja, hogy ki rejti el igazi énjét, hogy ki tud uralkodni vágyain! Mert aki uralkodni tud vágyain és bűntelen, az cselekedetével dicsőíti az Urat! Ne rejtsd el igazi éned és bűntelenül nyilatkozz meg Istennek, hogy Isten megbocsáthasson! De ahhoz, hogy szellemileg megvilágosodhass, hogy megismerhesd Istent, hogy Isten élőhelyére juthass, uralkodnod kell vágyaidon! Mert aki uralkodni tud vágyain, arra kiterjesztem az élet erejét és egészségessé teszem! M.8.8. Az ártatlan, erősíti Isten élőhelyét, ezért azt Isten, az örökkévalóságból védelmezi! És aki bűnös, azt nem védelmezi, annak az újjászületést ígéri! Ha te is erősíted Istent, akkor téged is védelmez az örökkévalóságból, ha nem, akkor neked is az újjászületést ígéri!

M.8.9. Minél később erősíted Isten élőhelyét, annál később válhatsz szabaddá! Annak a léleknek, aki erősíti az örökkévalóságot, bizonyítani fogja az Isteni hatalom létezését és megszabadítja a jelentéktelenségből! Ahhoz, hogy kizárólag Istenhez tartozhass, az életed idejéül adott pillanatban, minden halandó közül ki kell emelkedned, megtisztulásoddal és tisztességessé válásoddal, ahogy utasítottalak! M.8.10. Mert aki megtisztul, azt meggyógyítom! És akit meggyógyítok, az a lélek kizárólag Istenhez tartozhat! Élj Isten embereként békében és fogad el, hogy életed eredményeként,

Istenkitűntjei Isten élőhelye számára elkülönítenek! M.8.11. Önmagad legyőzésével gyógyulhatsz meg, teljesítheted be boldogulásod és juthatsz Isten élőhelyére! És aki rendeltetésének megfelelően beteljesíti boldogulását, azt Isten kitűntjei, eljuttatják a halhatatlanságba és bőségbe! Maradj hűséges Istenhez és életed eredményeként, elkülönítlek a halhatatlanság és bőség számára! M.8.12. Tisztán látom, hogy ki gyógyult ki bűneiből, hogy ki tartozik kizárólag Istenhez és azt megerősítem, az élet erejével! Mert az Isten embere, aki kigyógyult bűneiből és azt elkülöníti Isten, élőhelye számára! M.8.13. Tisztán látom, hogy ki tesz bizonyságot megtisztulásáról és azt a lelket, örökbe fogadom! Aki uralkodni tud vágyain az élete eredményeként, Isten élőhelyéhez tartozhat! De az nem tartozhat Isten élőhelyéhez, aki elrejti igazi énjét! Aki az élete idejéül adott pillanatban, Isten utasításának megfelelően megtisztultan és tisztességesen él, arról Isten élőhelye gondoskodik és szabadsághoz juttatja! M.8.14. Türelemmel várja Isten a tőle elszakadt lelkeket, hogy megújítsák vele kapcsolatukat! De minél tovább késlekednek, annál később juthat lelkük élethez! Tisztán látom, hogy az Istentől elszakadt lelkek közül, ki újítja meg kapcsolatát Istennel, hogy kit fogadhat örökbe az élet! Türelemmel várok arra az emberre, aki erősíti életével az élet erejének hatalmát! M.8.15. És aki később győzi le önmagát és válik bűntelenné, az ítéletemtől később szerezheti meg az életerőt! Az örökkévaló rendeltetése, hogy aki erkölcsileg jobbá válik, annak hatalmával beteljesítse boldogulását és megnövelje életerejét! Mert a bűntől való megtisztult léleknek teljesíti be boldogulását az örökkévaló, és juttatja hozzá a jelentős életerőhöz! És akinek boldogulását beteljesíti Isten, azt addig elkülöníti az örökbüntetés helyén, míg eljuttatja élőhelyére! Aki megváltoztatja a kapcsolatot az emberek és Isten között, és akinek alkalmazni tudja cselekedetét Isten élőhelye, arra kiterjeszti az élet erejét! M.8.16. Isten elrendelte, kitűntjeinek: Haragszom arra, aki késlekedik megújítani a kapcsolatot az emberek és Isten között! Azon életének idején szerezheti meg az ember az életerőt, mikor rendeltetésem szerint, életével megtestesíti a szellemi hatalmat! Aki bölcsen, Isten parancsolatai szerint él és megújítja a kapcsolatot Isten és az emberek között, ahhoz élete eredményeként, Isten hozzá rendeli az élet erejét, hogy a sors csapásait el tudja viselni! Mert a megtisztult, bűntelen embernek, élete eredményeként, Isten megtestesíti akaratát sorsában és beteljesíti boldogulását!

M.8.17. Türelemmel várom, hogy a bűn uralma alatt lévő ember, rátaláljon élete rendeltetésére! Mert megítélem az ember életét! És akit a bűn ural, annak testének a rothadást ítélem! És aki utasításomnak megfelelően, az élete idejéül adott pillanatban megtisztulva, tisztességesen él, az közel kerülhet az örök élethez! Az Úr jelenlétének titkához! M.8.18. Amíg akaratos az ember, addig nem növelheti az életerő erejét és nem újíthatja meg a kapcsolatot,

Istennel! Mert az a lélek, aki akaratos és késlekedik bűntelenné válni, az nem erősíti az Úr hatalmát! Tisztán látom, hogy melyik lélek fogadott örökbe és az ítéletemmel, az életerő helyére érkezhet! M.8.19. Aki legyőzte bűneit és megtisztult, ahhoz juttat életerőt az örökkévaló! Mert a bűntelennek, az örökkévaló beteljesíti boldogulását! M.8.20. Isten, a bűntelenek és megtisztultak részévé válva, sorsukban megtestesíti akaratát, és örökre elválasztja őket az akaratos lelkektől! Mert aki rátalál élete rendeltetésére és megújítja a kapcsolatot az emberek és Isten között, az Isten rendeltetése szerint az életerő részévé válhat! M.8.21. Parancsolom az embernek: Tisztulj meg bűneidtől! Mert mikor bölcsen megtisztulsz és hűséges maradsz a tisztasághoz, akkor lelked szabaddá válik! Tisztulj meg, hogy sorsodban megtestesíthesse akaratát Isten! Cselekedj jól és beteljesíti boldogulásod! A bűntelen emberrel, megújítja kapcsolatát Isten, de az akaratost elítéli! Isten, megítéli az embert, mielőtt megújítaná vele a kapcsolatot! És aki utasítása szerint tisztességes, azzal abban a pillanatban kapcsolatba kerül! Mert a megtisztult, tisztességes ember élhet Istennel! M.8.22. Az akaratos lélek ellenkezik velem, ezért később tartozhat Isten élőhelyéhez! Mikor bizonyságot tesz arról, hogy Isten utasításait betartja! Tisztán látom, hogy ki akaratos és ki nem! A bűnteleneket, hatalmam örökbe fogadja, mert azok erősítik az életerő helyét, de aki akaratos, az nem! M.8.23. Aki rendeltetése szerint megtisztul és legyőzi önmagát, az növeli az életerőt, ezért szerezhet is belőle! Lásd tisztán, az birtokolhatja az Isteni megbízatást, aki hisz a dicsőséges Isten megnyilatkozásában! És aki birtokolja a dicsőséges Isteni megbízatást, azt hatalma üdvözíti és megmenti! Mert aki a kiterjedő Isteni megbízatást birtokolja, arra jelentős ítélethozatalával, kiterjeszti az életerőt! Válj te is dicsőségessé, hogy kiterjeszthessem rád hatalmam! Aki hűséges hozzám, azt ítélethozatalommal jelentőssé teszem! M.8.24. Tisztán látom, hogy melyik lélek tesz tanúbizonyságot megtisztulásával! És azt élete eredményeként örökbe fogadom és megerősítem, hogy birtokolhassa az Isteni megbízatást! Az a dicsőséges, aki hitével így nyilatkozik meg Istennek, azt üdvözíti és hatalmával megmenti! És az a dicsőséges, aki az Isteni megbízatást birtokolja, arra jelentős ítélethozatalával, kiterjeszti Isten az élet erejét! Aki hűséges Istenhez azt a dicsőségest, jelentős ítélethozatalommal megbízom, hogy birtokolja az élet erejét! De minél később bizonyítja megtisztulásával az Isteni hatalom létezését, annál később erősítheti meg az örökkévaló az élet erejével! És annál később teljesedhet be boldogulása és térhet meg az örökkévalóságba!

M.8.25. Az emberek közül az szerezheti meg az életet, és azt juttathatják el Isten kitűntjei az élet forrásához, aki Isten rendeltetése szerint, meg tudja újítani a kapcsolatot Istennel! Mert az embernek elrendelte Isten, hogy életének ideje alatt meg kell újítania a kapcsolatot az emberek és Isten között! És azon életének idején, mikor bölcsen, parancsolatomnak megfelelően, életével megtestesíti a szellemi hatalmat, akkor élete eredményessé válik! De aki az előzőeknek megfelelően, nem tudja megújítani a kapcsolatot az emberek és Isten között, arra az emberre kiterjesztem haragom! Ahhoz, hogy a sors csapásait el tudja viselni az ember, Isten rendeltetése szerint kell élnie! És aki így él, annak a dicsőségesnek birtokába adom az Isteni megbízatást és a halhatatlanságot! M.8.26. Aki a bűn uralma alatt él és nem uralja erkölcsét, az azon életének idején élhet Isten élőhelyén, mikor meg tudja újítani a kapcsolatát Istennel! A tisztességesen élő lélek, megszerezheti az életet, és aki nem uralja erkölcsét az a jelentéktelenséget! A bűn uralma alatt lévő emberek közül az tartozhat kizárólag Istenhez, aki Isten embereként él! A bűn uralma alatt lévő ember, értelmes döntéseivel válhat bűntelenné, és élhet az örök élettel! Isten rendeltetése szerint az újíthatja meg a kapcsolatot az emberek és Isten között, aki élete eredményével növeli az élet erejét! És az, birtokolhatja az Isteni megbízatást és hozzájuthat a kiterjedő halhatatlansághoz! M.8.27. Tisztán látom, hogy ki növeli tisztességes életével hatalmam és azt élete eredményeként, Isten kitűntjei közé örökbe fogadom! És azt is tisztán látom, aki meginog és arra a lélekre, nem terjesztem ki hatalmam! M.8.28. Minél később tisztulsz meg, annál később válik életed eredményessé! A megtisztulás és bűntelenné válás hatalmával, testesülhet meg sorsodban Isten akarata és teljesedhet be boldogulásod! És a bűntelenné vált ember, ítéletemmel megújíthatja a kapcsolatot

Istennel, az élettel! Akik az emberek közül Isten utasításait betartják, azok megújíthatják kapcsolatuk Istennel és Isten élőhelyéhez tartozhatnak! Cselekedj jól és tisztességesen az emberek között, hogy ítéletemmel megújíthasd a kapcsolatod, Istennel! M.8.29. Az a lélek, aki Isten utasításait betartja és megtisztulva tisztességesen él az Isten élőhelyéhez tartozhat! De aki meginog, és nem tisztul meg, annak ígérem, hogy újra fog születni! És aki az akaratosok közül az élete idejéül adott pillanatban megtisztul, az hozzám tartozhat! Utasítlak: Tisztulj meg és élj tisztességesen, hogy többé válhasson veled az élet! M.8.30. Minél később tisztulsz meg és tartozol kizárólag Istenhez, annál később válhatsz Isten emberévé, és annál később szerezheted meg a gyógyító életerőt! Tisztán látom, hogy ki tartozik hozzám és azt örökbe fogadom, hogy beteljesítsem boldogulását! Azon életed idején, mikor hozzám tartozol, örökbe fogadlak és eljuttatom hozzád az életerőt! Mert tisztán látom, hogy ki fogadott örökbe, hogy ki tartozik hozzám! És aki örökbefogadott azt Isten számára elkülönítem, mert az hozzátartozhat az élethez!

M.8.31. Tisztán látja az élet ereje, hogy ki tisztult meg és azt örökbe fogadja! Az engedetlen és tisztátalan szellemek börtönében a bűn uralma alatt lévő emberek közül, akik átalakítják életüket és Istennel békében élve bizonyítják az Isteni hatalom létezését, azokat összegyűjti az örök életbe! A bűn uralma alatt lévő emberek közül az tartozhat Isten élőhelyéhez, az élethez, aki úgy él, hogy betartja Isten utasításait! És azon életének idején, megújíthatja kapcsolatát az ember, Istennel! Mert utasítja az élet ereje az embert: Élj úgy, hogy megújíthasd kapcsolatod Istennel! Isten tisztán látja, hogy ki él örökbefogadottjaként, hogy ki tartozhat élőhelyéhez! M.8.32. Mert megítélem a bűn uralma alatt lévő ember életét, és aki a bűn uralma alatt lévő emberek közül az élethez tartozik, annak ítéletemmel, megállítom életének idejét! M.8.33. Összegyűjtöm azokat az engedetlen és tisztátalan szellemek börtönéből, akik életükben Istennel békében élnek! De aki életének idején, nem győzi le önmaga bűneit, az nem térhet meg hozzám! Életed ideje alatt kell elérned, hogy Isten élőhelyéhez tartozhass! Aki életének idején betartja Isten utasításait és legyőzve önmagát tisztességessé válik, azt azon életének idején, Isten élőhelye bevezeti az élet ismeretének tudásába! M.8.34. Az élet ereje utasít: Életed idején az élet erejéért, mindent tegyél meg! Tedd meg, hogy tisztességes életeddel, létrehozod a kapcsolatot az emberek és Isten között! Változtasd olyanná cselekedeteidet, hogy azokat Isten élőhelye alkalmazni tudja! M.8.35. Mert összegyűjtöm azokat az engedetlen és tisztátalan szellemek börtönéből, akik Istennel, békében élnek! És megállítom a káoszt annál, aki életének idején, önmaga legyőzésével dicsőségessé válik! Mert meghatároztam: Aki életének idején megharcol a tisztességes életért, az birtokolhatja a kiterjedő Isteni megbízatást! Utasítlak, hogy ilyenné változtasd életed, mert ha nem ilyenné alakítod, akkor nem változhat jobbá sorsod! M.8.36. Lásd tisztán: Azért, hogy örökbe fogadhassalak, hogy Isten kitűntjei eljuttathassák hozzád az élet erejét, meg kell tenned azt, amire utasítalak! Utasítlak, hogy az életed idejéül adott pillanatban, tisztulj meg és élj tisztességesen, hogy keresztüljutathassalak az örökbüntetés erőin!

9.

M.9.1. És aki többé válva beteljesíti rendeltetését, annak Isten megnyilatkozik: Tisztán látom, hogy megtisztultál, ezért örökbe fogadlak! Mert aki bölcs, az együtt harcol Istennel! M.9.2. Az élet ereje: Tisztán látom, hogy ki tartóztatja meg magát a bűntől, és az megszerezheti az életet! Türelemmel várok az Istentől elszakadt lélek fejlődésére, hogy megújítsa kapcsolatát, Istennel! Az akaratos embernek, akkor ítélem oda az életet, mikor bűntelenné válik! Mikor bűntelenül többé válik az ember, akkor újíthatja meg a kapcsolatot, Istennel! De a tisztességes lélekhez, eljuttatom az élet erejét! M.9.3. Aki Istennel együtt harcol, mint örökbefogadottja, annak Isten az élet ereje, megnyilatkozik: Az Istentől elszakadt lelkek között, megértetted a tökéletességet és megújítottad kapcsolatod Istennel, ezért életed eredményeként, megszerezheted az életet! Mert aki a világi élet rendjében önmegtartóztatóan, ártatlanul él az Istennel élhet! És aki nem, az Isten ítéletére számíthat! A bűntelen ember, megújíthatja kapcsolatát Istennel, mert vele többé válik a tökéletesség! M.9.4. Az élet, türelemmel vár az akaratos emberre, hogy megújítsa kapcsolatát Istennel, hogy életét elismerhesse! A tisztességes lelkű ember, pedig megújíthatja kapcsolatát Istennel! Kizárólag Istenhez az tartozhat, és az egyesülhet az élettel, aki Isten embereként, meg tudja újítani kapcsolatát Istennel! Aki az emberek között tisztességes, annak most is bizonyítja létezését az Isteni hatalom! M.9.5. Azért utasítlak a megtisztulásra, mert bűntelenül szerezheted meg az életet! Azokat a lelkeket gyűjtöm össze, akik békében élnek Istennel, mert azok életükkel bizonyítják az Isteni hatalom létezését! Azok az emberek bizonyítják az Isteni hatalom létezését, akik bűntelenül, tisztességesen élnek és viselkednek! És azokat a lelkeket, megnövelem az élet erejével és összegyűjtöm őket az örökkévalóságba! M.9.6. Azon életed idején, mikor megtisztulva, tisztességesen cselekedsz, akkor megtetted, amire utasítottalak! És akkor, bizonyítva neked az Isteni hatalom létezését, megerősítlek az élet erejével! Mert a tisztesség, olyan tulajdonság, ami által láthatóvá válik számodra az Isteni tökéletesség!

M.9.7. Az élet ereje tisztán látja, hogy melyik ember él és viselkedik bűntelenül, és annak, beteljesíti boldogulását! Az Istentől elszakadt lélek, a bűntelenné válás hatalmával hozhatja létre és újíthatja meg kapcsolatát, Istennel! A tökéletesség ítélete: Amint erkölcstelenségeit befejezi az ember, megújíthatja kapcsolatát Istennel! Mert azok a lelkek válhatnak kitűnté, akiknek sikerül megváltoztatni a kapcsolatot, az emberek és Isten között! Aki az emberek között kitűnik bűntelenségével, az létrehozhatja és megújíthatja kapcsolatát az Isteni hatalommal! Mert abban a pillanatban, amint tisztességessé válik az ember, megváltozik a kapcsolat ember és Isten között! És akkor, Isten utasítására, befejeződhet szenvedése! M.9.8. Ember, tisztán látom életed és viselkedésed! És azon életed idején, mikor az Istentől elszakadt lelkek között, legyőzöd és megtartóztatód magad a bűnös viselkedéstől, megújítja veled kapcsolatát Isten és beteljesíti boldogulásod! M.9.9. Lásd tisztán, azt fogadom örökbe és ahhoz juttatom el az életerőt, aki bizonyítja az Isteni hatalom létezését! Akiről elfogadom a hírt, hogy erősíti hatalmam, ahhoz ítélethozatalommal eljuttatom az életerőt és beteljesítem boldogulását! Mert az örökbüntetés helyén az összes bűneitől megtisztult embernek teljesedhet be boldogulása és juthat hozzá az élet erejéhez! M.9.10. Isten, ahhoz az emberhez rendeli az életerőt, aki megújítja a kapcsolatot az emberek és Isten között! A bűntelen emberben, megtestesül a szellemi hatalom ereje, ezért tudja elviselni a sors csapásait! Az Istentől elszakadt lélek, nem testesíti meg Isten akaratát, ezért sorsában, Isten haragja testesül meg! Aki az emberek közül az életének idejéül adott pillanatban, megtisztulva és tisztességesen él, azzal megújítja kapcsolatát Isten, és beteljesíti boldogulását! M.9.11. A bűn uralma alatt lévő embereket megítélem, és akinek életét az emberek között a bűn uralja, azoknak az újjászületést ígérem! És akiket nem ural a bűn, azoknak az életet ígérem! Mert az életben van az Úr jelenlétének titka! M.9.12. Az örökkévaló megítéli az embereket, és aki az emberek között később győzi le önmagát és válik bűntelenné, az csak később újíthatja meg a kapcsolatot Istennel! Lásd tisztán, aki bizonyítja az Isteni hatalom létezését, azt fogadja örökbe és ahhoz juttatja el az életerőt, az örökkévaló! Mert csak a bűntelennek teljesedhet be boldogulása és juthat el az Úrhoz! M.9.13. Isten ítélete: A bűntelen ember, megújíthatja kapcsolatát Istennel! Mert bűntelenségével bizonyítja az Isteni hatalom létezését! És te is így juthatsz el az életerő helyére és válhatsz, az élet részévé! És aki eljut Istenhez, annak megtestesíti akaratát sorsában és beteljesíti boldogulását! M.9.14. Aki az emberek közül, parancsolataimnak megfelelően megtisztul és hűséges is marad a bűntelenséghez, annak sorsában megtestesítem akaratom és szabaddá teszem! Aki az emberek közül, bölcsen bűntelenné vált, annak ítéletem: Megújítottad kapcsolatod Istennel, ezért beteljesedhet boldogulásod!

M.9.15. Aki az emberek közül, késlekedik megújítani kapcsolatát Istennel, attól a lélektől, elszakad Isten! Ahhoz, hogy megújíthassa kapcsolatát az ember Istennel, ki kell tűnnie a bűnösök közül! Mert aki meg tudja újítani a kapcsolatot az emberek közül Istennel, azt a lelket megszerezik Isten kitűntjei! M.9.16. Minél később válik az ember bűntelenné, annál később újíthatja meg a kapcsolatot Istennel! Mert ítéletemmel azt hagytam kitűntjeimre: Amint tisztává és tisztességessé válik egy lélek, létrehozhatják vele a kapcsolatot! M.9.17. A jelentéktelen emberek közül, a tiszta lelkű újíthatja meg a kapcsolatot Istennel és az élet is, ahhoz juthat el! Az szerezhet az életből és az ismerheti meg Istent az emberek közül, aki szellemileg megvilágosodik és bűntelenné válik! És aki közel kerül Istenhez, annak Isten ítéletével megtestesíti akaratát sorsában és megújítva vele kapcsolatát, beteljesíti boldogulását! M.9.18. Türelemmel várok azokra az akaratos emberekre, akik késlekednek legyőzni önmagukat! Tisztán látom azokat a kitűnteket, akik bizonyítva az Isteni hatalom létezését, meg tudták újítani kapcsolatuk Istennel! És akiket elismertem és örökbe fogadtam, azokhoz eljuttatom az életerőt! A bűntelennek beteljesítem boldogulását és eljuttatom az örökkévalóságba! És aki eljut az örökkévalóságba az örökké él! M.9.19. Türelemmel várja Isten, hogy az akaratos ember is rátaláljon élete rendeltetésére és megújítsa kapcsolatát Istennel! És haragszik arra a lélekre, aki szégyelli betartani parancsolatait! De aki az emberek között, megtestesíti életével a szellemi hatalmat, az a sors csapásait elviselheti, és rátalálhat az élet forrására! M.9.20. Aki az emberek között, bizonyította az Isteni hatalom létezését és megújította kapcsolatát Istennel, annak életerejét, Isten rendeltetése szerint megnöveli! És aki nem, annak az újjászületést ígéri! Aki az emberek között bűntelen, annak Isten rendeltetése szerint, megtestesíti akaratát sorsában és beteljesítve boldogulását, megújíthatja kapcsolatát az élettel! M.9.21. Tisztán látom, hogy ki él utasításomnak megfelelően, tisztességesen! És az a dicsőségessé vált lélek, birtokolhatja az Isteni megbízatást!

Mert a megtisztult lelkekre, kiterjesztem a halhatatlanságot! És akiket a bűn ural, azoknak az újjászületést ígérem! M.9.22. Lásd tisztán, aki később tűnik ki az emberek közül, az később újíthatja meg kapcsolatát Istennel! És addig, nem élhet Isten élőhelyén és az élet erejének hatalmával sem! Isten mennyei hatalma együtt érez a gyengékkel és segíti őket, de aki késlekedik Isten utasításai szerint élni, az csak az Istentől elszakadt lelkekkel, az örökbüntetés helyével újíthatja meg kapcsolatát! Az embernek, mindent meg kell tennie azért, hogy bűntelenné váljon, hogy megújítsa kapcsolatát Istennel! Mert Isten megítél minden embert, és akit elismer az emberek közül, az megújíthatja kapcsolatát Istennel!

M.9.23. Isten tisztán látja, hogy ki vált bűntelenné és ki él vele békében! Akik kitűnnek tisztességes életükkel, azok Isten jókívánságával élhetnek! Akik bizonyítják az Isteni hatalomlétezést és láthatóvá teszik az Isteni tulajdonságot, a bűntelenséget, azokat összegyűjti és megtérhetnek hozzá! Akik késlekednek bűntelenné válni, azok később érkezhetnek a kitűntek közé! M.9.24. Megítéli a lelkeket, és aki tisztességes, annak beteljesedhet boldogulása és megérkezhet az örökkévalóságba! Megítéli az embereket Isten, és aki rendeltetésének megfelelően él, az megújíthatja kapcsolatát Istennel! Csak Isten ítéletével újítható meg a kapcsolat, az ember és Isten között! Ígéri Isten: Aki megtisztítja személyiségét és bűntelenné válik, ahhoz kitűntjeimmel, örömmel juttatom el az élet erejét!

10.

M.10.1. Tisztán látja Isten, hogy ki segíti életével! És aki cselekedeteivel áldozatot vállal az Úrért, azt örökbe fogadja és megszerezheti az örök életet! Az élet, lehetőség! Annak eredményeként juthat el a lélek, Istenhez! Aki tisztességessé válva erősíti, annak sorsában megtestesíti Isten akaratát és megnöveli életerejét! De aki nem Isten utasítása szerint él, az nem tartozhat hozzá és annak nem ítéli oda az élet erejét! M.10.2. A tisztességes lélekhez az Úr ítéletével, megérkezhet az életerő! Mert az Úr megítéli a lelkeket, és aki tisztességes, annak megváltozhat sorsa! M.10.3. Az élet ereje tisztán látja, hogy ki tisztult meg! És azoknak, akik olyan nagyon nagy távolságra eljutottak a jelentéktelen emberektől, ígéri Isten: Életetek eredményeként az élet erejével élhettek! Mert vágyakozom azokra a lelkekre, akik kitűnnek tökéletességükkel! Azokat elkülönítem a jelentéktelenektől és híressé teszem őket! M.10.4. Lásd tisztán, ahhoz, hogy üdvözülhess az engedetlen és tisztátalan szellemek börtönében, hinned kell Istenben! Mert ígéri Isten: És akik megtisztulnak, azokat a tisztaság hatalma, kimenti onnan! Mert a megtisztultak, Isten erősségei! Tisztán látom, hogy kik váltak jelentőssé és azokat az élet ereje, örökbe fogadja! Hidd el, te is eljuthatsz az örök életbe! Mert azt a lelket, aki kizárólag Istenhez tartozik, és Isten dicsőségévé válik, azt örökbe fogadom! Kerülj hozzám közel, hogy megérthesd, miben van az

Úr jelenlétének titka! M.10.5. Mert ígéri Isten: Megtisztulásod az a pillanat, mikor közel kerülhetsz a titokhoz, az Úr jelenlétének megértéséhez! Azzal fogja bizonyítani az Isteni hatalom létezését, hogy eljuttatja hozzád az élet erejét! De amíg elrejted igazi éned, addig nem térhet meg hozzád az élet ereje! M.10.6. Lásd tisztán: Amíg késlekedsz megtisztulni, addig a szellemi szegénységet és a világi életet választod, nem pedig Istent! És addig, míg nem világosodsz meg, nem fogad örökbe és nem segít az örök élethez, az élet ereje! A bűn uralma alatt élő ember, addig nem tartozhat az életerő helyéhez, míg cselekedetei nem válnak tisztességessé és nem válik bűntelenné! De a bűntelen embereket összegyűjti Isten és ítéletével gondoskodik sorsukról! Mert a bűntelenek, Isten ítéletével békességben élhetnek! És akiket az örök élet örökbe fogad, azok halhatatlanságban és bőségben élhetnek! És így élhetsz te is, azon életed idején, mikor megharcolsz tisztességessé válásodért!

M.10.7. Összegyűjtöm azokat, akik az engedetlen és tisztátalan szellemek börtönében, Istennel békében élnek! De akik nem gyógyulnak ki bűneikből és nem élnek tisztességesen, azoknak nem változhat meg sorsa és nem térhetnek meg az örök életbe! Aki megteszi, amire az élet ereje utasította és megtisztulva, tisztességesen él az kizárólag Istenhez tartozhat! És aki Isten embere, arra kiterjedhet az élet ereje!

M.10.8. Lásd tisztán: Tisztességesen nyilatkozhatsz meg Istennek, az élet erejének! M.10.9. Isten összegyűjti azokat és megtér hozzájuk az életenergia gyógyító erejével, akik életük ideje alatt örökbe fogadták a békés életet. De azok nem élhetnek ezzel az erővel, akik nem tudták megváltoztatni magukat és sorsukat! Az a lélek, soha el nem múlik, aki többé válik az emberek között és kitűnik azzal, ahogy az élet ésszerű állapotáért harcol! M.10.10. Az engedetlen és tisztátalan szellemek börtönében, ez minden becsületesre érvényes! Mert akik erősítik Istent, azok kizárólag Istenhez tartozhatnak! És akik ettől eltérnek, azok a bűnösökhöz az engedetlen és tisztátalan szellemek börtönéhez tartozhatnak! M.10.11. Isten, kitűntjeinek meghatározta: Akik megértették utasításomat és bűntelen, tisztességes életükkel értem harcolnak, azok örökbe fogadhatják az életerőt! Mert a megtisztultakon keresztül, megnyilatkozik Isten! M.10.12. Isten megnyilatkozik a megtisztultaknak: Tisztán látom, hogy kik fogadták örökbe az Urat, és azoknak megállítom életének idejét! Azzal, hogy megújítottátok a kapcsolatot Istennel, örök világosságot vittetek a világi életbe! És aki Isten segítségére van az emberek között, azt hozzájuttatom az élet erejéhez! Az ember, azon életének idején újíthatja meg a kapcsolatot Istennel, mikor tisztességessé válik! És akkor, ítéletemmel megállítom életének idejét és beteljesítem boldogulását! De a bűn uralma alatt lévő embernek, aki nem ura erkölcsének, nem állítom meg életének idejét! És tényleg így van, aki utasításom szerint él, azt elkülönítem az örök élet részére! És aki nem, annak az újjászületést ígérem! M.10.13. Aki kizárólag Istenhez tartozva él, annak ítéletével biztosítja a békét és igazságosságot! Mert aki hozzá tartozik, mint örökbefogadottja, az is biztosítja a békét és igazságosságot azoknak, akik hozzá tartoznak! Utasítom az embereket és téged, hogy ilyen formában éljetek tisztességesen és akkor megújíthatjátok a kapcsolatot Istennel! M.10.14. De aki becsületességében meginog, annak az újjászületést ígérem! És aki nem, azt Isten élőhelye megjelöli és hozzájuttatja a halhatatlan élethez! Téged is örökbe fogad és hozzá tartozhatsz, ha igaz Isten imádójaként, te is biztosítod a békét és igazságot azoknak, akik hozzád tartoznak! Aki biztosítani tudja a békét és igazságot az eljuthat hozzám, mert azt örökbe fogadom! És aki harcol az emberekkel, hogy megújítsák a kapcsolatuk Istennel, annak Isten elismerést juttat és örökbe fogadja!

    M.10.15. Aki az emberek közül, meg tudja újítani a kapcsolatot Istennel, azt Isten élőhelye megjelöli és hozzájuttatja a halhatatlansághoz! És aki az emberek közül ingadozik megújítani a kapcsolatot Istennel, annak ítéletével az újjászületést ígéri! Mert minden léleknek elrendelte Isten: A tisztességessé vált juthat élethez, és aki ingadozik tisztességessé válni az nem! Aki az életének idejéül adott pillanatban, tisztességesen élve többé válik, annak biztosítom a békés és igazságos életet! Mert az örökbefogadottam, aki hozzám tartozik! És az a lélek, aki hozzám tartozik, az soha el nem múlik! M.10.16. És kérdezem az Istentől elszakadt embert: Miért késlekedsz megtisztulni? Mikor fogja uralni értelmed, lelked? Mikor újítod meg kapcsolatod, Istennel? Mert megítélem az ember életét és cselekedetét! És az a lélek, aki bűntelenül él az élete eredményeként, Isten élőhelyén élhet! De akinek életét a bűn uralja, az nem! Lásd tisztán, azért ez ítéletem, mert a bűntelen ember a világi életbe örök világosságot juttat és ezzel, Istent segíti! És aki bűntelen az emberek között és örökbe fogadja Istent, annak Isten megállítja életének idejét és gondoskodik róla, az élet erejével! M.10.17. Az Istentől elszakadt ember, cél nélkül él, míg nem újítja meg kapcsolatát Istennel! Abban a lélekben nem bízik Isten, aki nem tartozik kizárólag hozzá! Tényleg így van, a tisztességeseket elkülönítem a bűnösöktől és összegyűjtöm, hogy eljuthassanak hozzám! Az ember, tisztességessé válva változtathatja meg kapcsolatát Istennel! Mert Isten elrendelte: Annak a léleknek, akinek cselekedeteit alkalmazni tudja, az eljuthat élőhelyére! M.10.18. De aki nem talál élete rendeltetésére és nem tartozik kizárólag Istenhez, az nem juthat be az életerő helyére! Azon életed idején vágyakozhatsz arra, hogy kizárólag Istenhez tartozhatsz, mikor utasításom szerint élsz, és az életért cselekedsz! M.10.19. Lásd tisztán, ahhoz hogy Isten megnyilatkozzon egy léleknek, meg kell tisztulnia bűneitől! De mielőtt az Istentől elszakadt emberek közül, valakivel megújítaná kapcsolatát Isten, előtte megítéli bűntelenségét! És aki az emberek között tisztességes, azzal megújítja kapcsolatát! Az a lélek, aki az Istentől elszakadt emberek közül, mostantól ehhez hasonlóan él és cselekszik, azzal megújítja kapcsolatát Isten! Akivel az élete idejéül adott pillanatban többé válik az élet, az örökké élhet! És akivel nem, annak fájdalmas érzés lesz az élet! Bárcsak minden lélek rátalálna az élet értékére, a tisztességre! M.10.20. Abban az időben üdvözülhetsz, mikor elfogadod és hiszel a bűntelen életben!

11.

M.11.1. És Isten, újra megnyilatkozik: Tisztán látom, hogy ki tisztult meg és ki tisztességes! És ahhoz, eljuttatom az élet erejét! M.11.2. Isten megnyilatkozik annak és örökbe fogadja az élet erejével, aki együtt harcol vele a hitetlenség ellen! Akinek élete eredményes és hűséges Istenhez, az megharcolt az örökkévalóságban lévő helyért! És azon életének idején, mikor kitűnik eredményes életével, eljuthat a világi életből! M.11.3. És újra elismétlem: Ahhoz, hogy az örökkévalóságban lévő helyért harcolhass, el kell válnod a tisztátalanságoktól! Mert a tisztátalan hitetlen, nem élhet örökké! Megismétlem újra: El kell válnod a tisztátalanságtól és bűnösből, bűntelenné kell alakulnod! M.11.4. Újra elismétlem: Elválasztom a tisztátalanokat azoktól, akik az örökkévalóságban lévő helyért harcolhatnak! Nem élhetnek azok együtt, mert a tisztátalan hitetlen, újra meg fogja ismételni bűnös cselekedeteit! De aki elvált a tisztátalanságtól és bűntelenné változott, az harcolhat az örök életért! M.11.5. Mérges vagyok arra, aki nem válik el a tisztátalanságtól és újra ismétli bűneit, mert az nem élhet örökké! M.11.6. Mert aki nem válik el a tisztátalanságtól, az nem élhet örökké! Az addig ismétli újra életét, míg tisztátalanul él! M.11.7. A fékteleneket és erőszakosokat, elválasztom a bűntelenektől, mert tisztátalanok azok! De aki bölcsé válik a tisztátalanok között és bűnös életét örökkévalóra cseréli, annak nem kell megismételni újra életét! M.11.8. De azok az emberek, akiknek életét a bűn uralja, nem élhetnek örökké! Amíg életük a bűn uralja, és nem válnak erkölcsössé, addig sorsuk nem változhat! Mert a bűnös ember, nem felel meg nekem! M.11.9. Azok a lelkek, akik megtisztultak bűneiktől, eljuthatnak Isten kitűntjeihez és Istennel élhetnek! Mert a beszennyezett lelkeknek is megszűnik függőségük, mikor megtisztulnak bűneiktől! És a tiszta lélek, Isten mennyei hatalmának gyengéd együttérzésével élhet! Azok a lelkek, akik megtisztultak bűneiktől, életük eredményeként, Isten kitűntjeként élhetnek! M.11.10. Akik átalakulnak tiszta lélekké, azoknak Isten mennyei hatalma, gyengéd együttérzésével, megszünteti függőségét a beszennyezett lelkektől! Mert a bűneitől megtisztul lélekkel, többé válik az élet! Ahogy a lélek megtisztul bűneitől, úgy szűnik meg életében a rossz! És aki hitetlen marad, az nem válhat Isten kitűntjévé és nem juthat el, Istenhez!

M.11.11. A bűn uralma alatt élő, rossz emberrel, nem válik többé az élet! Az élete eredményeként, nem élhet velem! És akinek a bűn uralja életét az emberek között, annak sorsa is rosszra változik! M.11.12. Ahhoz, hogy a beszennyezett lélek, Isten mennyei hatalmának gyengéd együtt érzésével élhessen, meg kell szűntetni függőségét, minden bűntől! Ahhoz, hogy a rossz, Isten kitűntjévé váljon, meg kell tisztulnia és bűntelenné kell válnia! M.11.13. A hitetlenek, nem élhetnek Isten mennyei hatalmának gyengéd együtt érzésével és nem harcolhatnak meg az örökkévalóságban lévő helyért, mert azok rosszá alakítják a világot! Ezért bölcsen alakítsd a világot, hogy a világ teremtője az élet bőségéhez juttathasson! M.11.14. Mert az a rendeltetése az embernek, hogy kizárólag Istenhez és ne a tisztátalanokhoz tartozzon! M.11.15. Az Úr, elrendelte: Váljon a világi életben az ember, Isten kitűntjévé! M.11.16. Az Istenben bízó hívő ember, alázatosan él, ezért az Úr, az élet forrásához rendeli! De azt a lelket nem, aki a hitetlenséget testesíti meg az emberek között! M.11.17. Aki nem él bölcsen, tisztán és őszintén, az veszélyt hoz magára! M.11.18. Ébernek kell lenned az örökbüntetés helyén, nehogy a bűnös szeretet megtévesszen! M.11.19. Mert annak rendeltetése, hogy a hosszú életed és boldogságod ellopja, és szerencsétlenné tegyen! M.11.20. Azon életének idején, mikor az ember bűntelenül él és cselekszik, és hűséges marad Istenhez, akkor Isten mennyei hatalma, gyengéd együttérzésével eljuttatja hozzá Isten kitűntjeit! De amíg rosszul él és cselekszik az ember, addig jelentéktelen Isten szemében! M.11.21. A jelentéktelen léleknek, meg kell tisztulnia bűneitől és hűségesnek kell maradnia a bűntelenséghez, hogy Isten mennyei hatalmának, gyengéd együttérzésével élhessen! Amíg az ember, jelentéktelen Isten szemében, addig nem harcolhat az örökkévalóságban lévő helyért! De azon életének idején, mikor rátalál életének rendeltetésére és minél messzebb jut a jelentéktelen világi élettől, akkor Isten élőhelyére juthat! És szabadságban élhet az a bölcs ember, aki hűséges Istenhez! M.11.22. Azok élhetnek az örökkévalóságban, akik megharcoltak az örökkévalóságban lévő helyért! És azok nem tartozhatnak Istenhez, akik rendeltetése ellenére, sokasítják az ártó szenvedélyekkel élőket! De akik rendeltetése szerint, messzebb jutnak az ártó szenvedélyektől, azokat az Úr, jelenlétének jelével, az élettel megjelöli! Mert az embernek az a rendeltetése, hogy Istennel éljen, nem pedig az, hogy az ártó szenvedélyekkel éljen! M.11.23. Aki hűséges marad a bűntelen élethez, azt Isten, mennyei hatalmának gyengéd együttérzésével, Isten kitűntjei közé fogadja! És aki az emberek között rossz, az Isten szemében jelentéktelen, míg többé nem tud válni!

M.11.24. Mert az a lélek, akit az emberek között a bűn ural, és a bűnösöket erősíti, az erkölcsileg nem felel meg arra, hogy Isten kitűntjeihez tartozhasson! És amíg nem változtatja többé bűnös életét, addig sorsának változása az örökbüntetés erőitől függ! M.11.25. A bűn uralma alatt lévő embernek, meg kell tisztulnia ahhoz, hogy eljuthasson Isten kitűntjeihez! Aki a bűnösök közül többé tud változni, annak élete eredményeként, megváltozik sorsa és már nem az örökbüntetés erőihez, hanem az Úrhoz tartozhat! M.11.26. Azon életének idején alakulhat át Isten kitűntjévé, mikor már nem ismétli meg újra bűneit és elválik minden tisztátalanságtól! Mikor bölcsen, bűntelenné változtatja életét és hűséges is marad többé válásához, akkor erkölcse megfelel az Úrnak! És aki nem így tesz, az a bűnösök közt marad! M.11.27. A hitetlenek, azon életük idejéig maradnak az engedetlen és tisztátalan szellemek börtönében, míg hűségesek bűneikhez! De aki az emberek között, bűntelenül él és viselkedik, az Isten kitűntjévé válhat és eljuthat az örökbüntetés helyéről a halhatatlanságba és bőségbe! A bűn uralma alatt lévő emberek között, az változtatja eredményessé életét, aki bűnösből, erkölcsössé változik! És aki bűntelenné válva Isten kitűntjeként él, az sorsát is megváltoztatja, mert eljuthat az Úrhoz, az örökbüntetés helyéről! M.11.28. A bűn uralma alatt lévő emberek között, aki megtisztul, az eredményessé változtatja életét! És a bűntelen, sorsának változásaként, eljuthat az örökbüntetés helyéről az Úrhoz! De a bűnös, nem tartozhat az Úrhoz! M.11.29. Amíg a hitetlen és bűnös, nem válik többé és megalázza magát, addig a világi élethez az engedetlen és tisztátalan szellemek börtönéhez fog tartozni! De az lélek, az örökbüntetés erőitől az ég felé fordulhat, aki jóvá válásával segíti az Urat! M.11.30. Mert csodálom azt a lelket, aki a megtévesztett emberek közül az ég felé tud fordulni, aki képes többé fejlődni! És annak a léleknek, ígéri Isten: Életed, nálam biztonságban van! M.11.31. De akinek erkölcse nem felel meg arra, hogy Istenkitűntjévé váljon, annak a magát lealázó bűnösök között az engedetlen és tisztátalan szellemek börtönében kell élnie! Minél később válsz bűnösből bűntelenné, annál tovább függ sorsod az örökbüntetés erőitől! M.11.32. Minél később harcolsz az örökkévalóságban lévő helyért és változol bűnösből, bűntelenné, annál később juthatnak el hozzád Isten kitűntjei és változtathatják meg sorsod, a meghatározhatatlan életerővel! Bárki, aki képes megtisztulni az a halhatatlanokhoz tartozhat! Mert aki a bűn uralma alatt lévő emberek közözött bűntelenné tud válni, az a halhatatlan és bőséges élethez tartozhat! Aki a bűn uralma alatt lévő emberek között, hűséges marad a tiszta élethez, az befogadhatja az örök életet! Bárki, aki erejét megfeszítve küzd a tiszta életért, annak alkalmazni tudja cselekedeteit Isten élőhelye! Meghagytam minden léleknek: Aki bűneitől megtisztul és bűntelenné válik, azt megerősítem! És aki késlekedik bűnösből, bűntelenné válni, azzal az örökbüntetés erői válnak többé!

M.11.33. Bárki, akinek a bűnbe jutottak közül Isten kitűntjei elfogadják, hogy megtisztult, azt élete eredményeként, hozzájuttatják a halhatatlan és bőséges élet erejéhez! Mert azon életének idején, mikor bűnösből, bűntelenné vált és elfogadták tisztaságát Isten kitűntjei, halhatatlanságban és bőségben élhet az ember! És akinek nem fogadják el tisztaságát, annak az engedetlen és tisztátalan szellemek börtönében kell élnie! M.11.34. Azon életének idején, mikor a lélek, Isten kitűntjeihez hasonlóan, bűneitől megtisztultan él, elérkezik hozzá a halhatatlan és bőséges élet ereje! De a bűnöst, nem erősíthetik meg Isten kitűntjei! A bűnösnek, Isten kitűntjeihez hasonlóvá, bűntelenné kell válnia ahhoz, hogy halhatatlanságban és bőségben élhessen! M.11.35. A bűn uralma alatt lévő emberek közül, aki változtatni tud bűnös életén, ahhoz élete eredményeként eljuthatnak Isten kitűntjei! De mielőtt Isten kitűntjei, sorsát megváltoztatnák, próbára teszik tisztaságát, hogy valóban bűntelenül, békességben él-e! És aki bűnösből, bűntelenné vált, ahhoz élete eredményeként, eljuttatják az élet erejét! De aki bűnös, azt visszajuttatják az örökbüntetés erőihez! M.11.36. Az örök élet, a kizárólag Istenhez tartozó lelkeket gyűjti össze! Mert a bűneitől megtisztult, becsületes lelkek életének eredményével válik többé az élet ereje! Vigyázzatok emberek, mert akinek a bűn uralja életét, annak sorsának változása a bűnös erőktől függ! M.11.37. A bűn uralma alatt lévő embernek, időben kell eredményessé, bűntelenné változtatni életét, hogy sorsa az élet erejétől függjön! Mert a meghatározhatatlan Isten, megnyilatkozta: Annak juttat jövőt az Úr, aki cselekedeteivel dicsőíti az Urat! És azon életének idején dicsőíti az Urat, mikor bűntelenül cselekszik! És csak azzal nyilatkozhat meg Istennek, mert azzal válik többé az élet! M.11.38. És annak a léleknek, aki időben megtisztul bűneitől, megerősítem jövőjét az élet erejével! Mert a bűn uralma alatt lévő emberek közül a bűntelen juthat az élet erejéhez! És akinek élete eredménye a bűntelenekéhez hasonló, annak sorsának változása az élő erőtől függ! De a bűnösöké, nem! M.11.39. Az életed idejével figyelmeztetlek arra, hogy az örökkévalóságban lévő helyért csak akkor harcolhatsz, ha hűséges maradsz a bűntelenséghez! Azon életed idején

változhat meg sorsod, mikor a bűn uralma alatt
lévő emberek között, rátalálsz életed
rendeltetésére! Mikor bűntelenné válsz és
erkölcsöd megfelel, akkor megváltozhat sorsod!
Ha nem, akkor örökbüntetésben maradsz!
M.11.40. Aki a bűn uralma alatt lévő emberek
között, rátalál élete rendeltetésére (hogy meg kell
tisztulnia bűneitől) és bűntelenné is válik, annak
megváltoztatja sorsát Isten és az élethez
tartozhat! Mert aki megtisztult, azt eljuttatja Isten
az örökbüntetés helyéről, mert az hozzá tartozik!
A bűn uralma alatt lévő embernek rendeltetése,
hogy bűntelenné váljon, hogy sorsát
megváltoztassa és az örökbüntetés helyéről, az
örök életbe jusson!

M.11.41. Isten kitűntjei is a világi életben
éltek! De a magát lealázó, rossz emberből, többé
tudtak válni, ezért már nem kell ott élniük!
M.11.42. Mert akik az emberek közül, felül
tudnak kerekedni a testi örömökön és bűntelenné
tudnak válni, azok eljuthatnak a rosszabb
körülmények közül és Isten kitűntjévé válhatnak!
De aki a világi életben magát megalázza és
hitetlen, az hűséges marad a rosszhoz, és az nem
válhat Isten kitűntjévé! Ezért ne így élj! Hanem
életed és viselkedés által, válj jelentőssé!
M.11.43. A bűnös lelkeket jellemzi, hogy
magukat megalázva beszennyezik életük és ezért,
nem tudnak jelentőssé válni és eljutni a világi
életből! Amíg a bűnös lélek nem tud bűntelenné
válni, addig nem juthat el azok közé, akik többé
váltak! M.11.44. És azon életének idejéig, míg

hitetlenül, magát lealázva él az ember, nem juthat el a világi életből! Örökké, csak a tisztességes lélek élhet, mert azzal válik többé az élet! És Isten, elkülöníti azt az örök élet számára, mert kizárólag hozzá tartozik! A kizárólag Istenhez tartozó lelket jellemzi, hogy a bűnös lelkek között, jelentőssé tudta alakítani életét! M.11.45. Az örökbüntetés helyéről a világi életből, az juthat az örök élethez és Isten élőhelyére, aki tisztességesen él! De ahhoz, hogy örökké élj, kizárólag Istenhez kell tartoznod és többé kell változtatnod az életet! Mert annak életével válik többé Isten, aki kizárólag hozzá tartozik! M.11.46. Aki a hitetlenek közül, Isten utasítására átalakítja életét és hűséges is marad Istenhez, az Isten mennyei hatalmának gyengéd együttérzésével élhet! Isten kitűntjeit jellemzi, hogy meg tudtak tisztulni a hitetlenségtől és bűneiktől! De azon életének idejéig, nem válhat az ember Isten kitűntjeivé, míg nyugtalan és hitetlen lélekként, magát megalázza a világi életben! M.11.47. Figyelmeztetlek: Amíg nem válsz meg bűneidtől és nem növeled a becsületesek erejét, addig az engedetlen és tisztátalan szellemek börtönében maradsz! Azon életed idejéig maradsz az engedetlen és tisztátalan szellemek börtönében, míg hitetlen és bűnös vagy! És figyelmeztetem az engedetlen és tisztátalan szellemek börtönében lévőket: A hitetlenek, nem élhetnek velem!

12.

M.12.1. Az élet erejéért, meg kell nyilatkoznod Istennek, újra és újra, hogy megtisztultan és tisztességesen élsz! M.12.2. Aki Istennel együtt akar harcolni és örökbe akarja fogadni az élet erejét, az időben nyilatkozzon meg Istennek, hogy az Úr, segítségére lehessen az örökbüntetés helyén! De amíg a bűn uralja az embert és a rosszat fogadja örökbe, addig létezésének értékeként, nem juthat az élet erejéhez! De aki életének idején a bűnösök közt önmagát legyőzi és bűntelenné válik, az Isten akaratának új megtestesítőjeként, hozzájuthat az élet erejéhez! Amíg bűnösből nem válik bűntelenné, és nem él tisztességesen az ember, addig létezésének értéke rossz, mert a bűn uralmától és nem az örökkévalóságtól függ élete! M.12.3. Aki időben megtisztul bűneitől és örökbe fogadja az Urat, az beteljesítette élete rendeltetését! És azt a bűn uralma alól, örökbe fogadja az élet! Mert az embernek nem a bűn uralma alá, hanem az élet uralma alá kell tartoznia! M.12.4. Minél később válsz erkölcsössé és élsz békességben, annál később juthat el lelkedhez az életerő! Ha időben erkölcsössé válsz, megállítom életed idejét! Mert aki erkölcsileg jobbá válik, attól jelentősen átalakul az élet! És akinek erkölcse megfelel Istennek, az kizárólag Istenhez tartozhat! De akinek cselekedetei erkölcstelenek, az nem tartozhat hozzá! Aki az életének idejéül adott időpontig bűntelenné tud válni az elérte rendeltetését, és megtérhet Istenhez! De aki addig, erkölcsileg nem válik jobbá az nem! M.12.5. A bűnösnek, életének ideje alatt kell önmagát legyőznie és igaz Isten imádójává válnia! A bűn uralma alatt lévő ember, bölcs döntéseivel javíthat létezésének értékén és válhat Isten akaratának új megtestesítőjévé! De ha rosszul dönt, akkor nem! Mikor erkölcsileg jobbá válik és megszűnik bűnös függősége, akkor békességben és harmóniában élhet! És az a lélek, aki harmóniában él Istennel, annak kitűntjeivel megállítja életének idejét, és hozzájuttatja az élet erejéhez! M.12.6. Aki erkölcsileg jobbá és igaz Isten imádójává válik, mielőtt életének ideje véget érne, azt örökbe fogadom és hozzájuttatom az életerőhöz! Az ember, bűntelenné válásának idejében újíthatja meg kapcsolatát Istennel! Mert aki a világ rendjében, ártatlanul és tisztán él, az Isten ítéletével örökbe fogadhatja a halhatatlanságot! Az engedetlen és tisztátalan szellemek börtöne, átadja az Istentől elszakadt lelkek közül azokat Istennek, akik bűntelenül és békében élnek! Mert azok, kizárólag Istenhez tartoznak! És azokat a lelkeket összegyűjti Isten, hogy megújítsák kapcsolatuk az élettel!

M.12.7. És a tisztességes lelkek az emberek közül, megújíthatják kapcsolatuk Istennel! Akinek az emberek közül, ilyen formában változik meg kapcsolata Istennel, annak Isten élőhelye, alkalmazni tudja cselekedetét! Aki bűnösből, bűntelenné tud válni azt az Úr, életerőhöz juttatja! És aki nem, azt az örökbüntetés felé juttatja! Ne késlekedj, Isten utasítására alakítsd át életed, hogy örökbe fogadhasson az örök élet! Mert aki igazzá válva segíti az Urat, azt az Isteni szeretet, örök élethez juttatja! M.12.8. Az a bölcs, aki időben ártatlanná, bűntelenné változik és behódol az Urnak, az megvalósítva élete rendeltetését, hozzájuthat a halhatatlansághoz! Aki az emberek közül, bölcsen bűntelenné válik és megújítja kapcsolatát Istennel, azt örökbe fogadja az élet! De az Istentől elszakadt lélek, amíg ellenkezik Istennel és nem válik bűntelenné, addig nem újíthatja meg kapcsolatát Isten élőhelyével! Mert megítéli Isten az embert! És aki az emberek közül, cselekedeteivel nem tudja megújítani a kapcsolatot Istennel, az a lélek, alkalmazhatatlan Isten számára! Az emberek közül, a becsületes tudja megváltoztatni a kapcsolatát Istennel, mert vele válik többé! És ezért, kizárólag Istenhez tartozhat!

13.

M.13.1. Isten tisztán látja, hogy ki tisztult meg, hogy kiben nyilatkozhat meg újra az élet ereje! M.13.2. A bűn uralma alatt lévő ember, életének ideje meghatározhatatlan! Mert a bűn uralma alatt lévő embert nyomasztja, hogy jelentősebbé tegye életét. Ahhoz, alázatosan kellene élnie és meg kellene váltania lelkét, a bűnös világi élettől! Mert aki bűntelenül él, az indulhat el a jelentőssé válás felé! És aki beszennyezi életét, az a bűn uralma alatt lévő emberek felé indul el! Bűn uralma alatt lévő ember, itt az ideje, hogy a hitvány életből eljuttasd magad! Lásd tisztán az életet és élj bűntelenül, kizárólag Istenhez tartozva, hogy megérkezhessen hozzád a meghatározhatatlan élet ereje! Harcolj meg azért, hogy kizárólag Istenhez tartozhass, hogy az Úr örökbe fogadhasson az örökkévalóságba! M.13.3. És ígéri Isten: Akivel a bűn uralma alatt lévő emberek közül többé válik az élet, az kizárólag Istenhez tartozhat! És ahhoz az emberhez, megérkezhet a bűn uralma alá az élet ereje! Mert az életerő mindazokhoz megérkezik, akik időben bűntelenné válnak! De azokhoz az emberekhez nem érkezhet meg az életerő, akik életük ideje alatt a bűn uralma alatt maradtak! Azoknak a bűn uralma alatt lévő embereknek az engedetlen és tisztátalan szellemek börtönében kell élniük! Abban az időben érkezhet meg a bűn uralma alatt lévő emberhez az élet ereje, mikor már nem azokhoz tartozik, akik hitványul élnek, hanem azokhoz, akik kizárólag Istenhez tartozva élnek! Hogy a bűnösökhöz vagy Istenhez tartozol, arról rögtön határozz, hogy az Úr, ígéretével életerőhöz juttathasson! M.13.4. Aki életének idején beszennyezi önmagát, az a bűn uralma alatt lévő emberek közé kerül! A bűntelen, pedig az élet uralma alá! Mert az emberi élet rendeltetése, hogy a bűn uralma alatt lévő megváltozzon és az élet uralma alá kerüljön! Amíg a bűn uralma alatt lévő ember nem változik bűntelenné, addig az engedetlen és tisztátalan szellemek börtönében kell élnie! De abban az időben mikor megváltozik, elválasztom a bűn uralma alatt lévő emberektől és életerőhöz juttatom! Mert ahhoz a kizárólag Istenhez tartozó lélekhez, aki életének idején le tudja győzni önmagát, és bűnös emberből, bűntelenné tud változni, megérkezhet az élet ereje! M.13.5. Megígérte Isten: Aki életének idején legyőzi önmagát és tisztességessé válva kizárólag Istenhez tartozik, ahhoz megérkezhet az élet ereje! Annak életének ideje alatt, javulhat életének minősége és befejeződhet élete a bűn uralma alatt lévő emberek között! De aki ellenkezik velem és nem éri el, hogy bűntelenné váljon, ahhoz nem érkezhet meg az életerő! Az emberek közül, aki életének idején bölcsé válva legyőzi önmagát és kizárólag Istenhez tartozik, azt elválasztom a bűn uralmától, mert az hozzá tartozhat az élethez!

M.13.6. És ígéri Isten: Aki később válik bölcsé és győzi le önmagát, az csak később tartozhat Istenhez! Azon életének idejéig, míg a bűn uralma alatt nem válik bűnösből bűntelenné, nem érkezhet meg hozzá az élet ereje! És akihez időben nem érkezik meg az élet ereje, az el fog erőtlenedni! Ezért időben határozd el, hogy Istenhez akarsz-e tartozni vagy a bűnös világi élethez! Aki megtisztulva hibáitól, becsületessé és alázatossá válik, az Istenhez tartozhat! És aki megváltozva, becsületesen többé válik, ahhoz megérkezhet az élet ereje! M.13.7. De a bűn uralma alatt lévő embernek, időben kell megváltoznia és alázatossá válva eltérnie a bűnös világ hibáitól ahhoz, hogy elérkezhessen hozzá az életerő! Aki késlekedik erkölcsileg jobbá és bűntelenné válni, az nem tartozhat Istenhez! Akkor tartozhat kizárólag Istenhez az ember, mikor megszűnik függősége a bűn uralmától! Amint egy lélek, bölcs döntéseivel önként vállalja Istenhez tartozását, azt abban a pillanatban hírül adják Istennek, kitűntjei! M.13.8. És ígéri Isten: Aki időben el tud térni a bűnös világi élettől, saját hibáitól és bűntelenül, alázatosan tud élni, az kizárólag Istenhez tartozhat! Aki a bűn uralma alatt lévő emberek közül így meg tud változni, ahhoz elérkezhet az élet ereje! Határozd el, hogy kizárólag Istenhez akarsz-e tartozni, vagy a hitvány bűnösökhöz! M.13.9. A hitvány emberek közül, aki időben többé tud válni az is Istenhez tartozhat! És mikor eljut idáig, akkor megérkezhet hozzá az életerő! M.13.10. Ígéri Isten: Akinek lelkét az emberek között a bűn nyomasztja, az életének idején váljon bűntelenné, hogy kizárólag Istenhez az élet urához tartozhasson! Mert bűntelenné válásával válik az ember jelentőssé, az életerő számára! De amíg a bűn és hitetlenség nyomasztja az ember lelkét, addig nem élhet az élet uralma alatt! Az örök életért, jelentőssé kell válnia az embernek! M.13.11. A káros szenvedélyű embernek hitvány az élet, mert ő a bűn uralma alá tartozik. Úgy határozott, hogy inkább él bűnösként a bűn uralma alatt lévő emberek között, mintsem Istenhez tartozzon. De az a bűnös, nem is kerül elválasztásra a bűn uralma alatt lévő emberektől, az örök élet számára! M.13.12. A bűn uralma alatt lévő embernek, életének ideje alatt kell hitványból, jobbá válnia, különben a hitványokhoz fog újra születni! A bűn uralma alatt lévő ember, bűntelenül élve emelkedhet ki a bűnösök közül és változtathatja meg életét! Bűntelenül érkezhet meg a halhatatlanságba és bőségbe, az örökbüntetés helyéről! És annak a léleknek, ígéri Isten: Gondoskodni fogok rólad, mert már hozzám tartozol! És aki eljut hozzám, azt Isten kitűntjei közé fogadom! M.13.13. Aki rendeltetésének megfelelően a hitványok közül, időben bűntelenné tud válni, annak ígéri Isten: Kizárólag Istenhez tarozhatsz, mert a bűn uralma alatt elhatároztad, hogy bűnös emberből, bűntelenné válsz és becsületessé is változtál! És abban az időben, mikor bűntelenné és becsületessé váltál, megérkezhetsz a tökéletességbe!

M.13.14. Mert rögtön látom, hogy melyik embert uralja a bűn, hogy ki tartozik a bűnösökhöz és hitetlenekhez! És azt is, hogy ki tudott közülük bűntelenné válni! M.13.15. Aki a hitetlen, bűn uralma alatt lévő emberek közül, életének idején bűnösből, bűntelenné tud válni, annak megígéri Isten, hogy kizárólag hozzá tartozhat! És arról a bűnösről, aki nem hisz az örök életben, úgy határozott: Amíg a bűn ural, addig a hitvány emberek közt kell élned! M.13.16. És aki életének ideje alatt a bűn uralma alól nem válik bűntelenné, annak élete megszűnik! De abban az időben, mikor a hitetlen ember megtér, kizárólag Istenhez tartozhat! M.13.17. De aki időben bűntelenné válik, annak megígéri Isten: Mégis megérkezhet hozzád az életerő, mert már kizárólag Istenhez tartozol! Elhatároztam, hogy abban az időben érkezhet meg hozzád az élet ereje, mikor kizárólag Istenhez tartozol, mikor becsületesen élsz! M.13.18. Míg a bűn uralma alatt él az ember, addig az ideig ismeretlen számomra! Ezért a bűn uralma alatt lévő embernek, fájdalmas az élet! És élete elmúlásával, fájdalma nem múlhat el! M.13.19. Életének fájdalmai fogják nyomasztani lelkét és az, hogy miért nem változtatta bűntelenné és jelentőssé életét! Mert a beszennyezett, nem tartozhat Istenhez! Akkor tartozhat Istenhez és akkor indulhat el lelkéhez az életerő, mikor hírül adják Isten kitűntjei, hogy bűntelenné vált! M.13.20. Ígéri Isten a bűn uralma alatt lévő embereknek: Aki a rendelkezésére álló idő alatt, megtisztítja életét a bűn uralmától, az kizárólag Istenhez tartozhat! És aki az emberek közül bűntelenné alakítja életét, azt életerőhöz juttatom! Aki az élete idejéül adott pillanatban elhatározza, hogy a hitványak helyett, inkább Istenhez akar tartozni, ahhoz megérkezhet az életerő! És aki nem így határoz, annak fájdalmas lesz az élet! M.13.21. Ezért aki időben bűntelenné válik, annak megígéri Isten, hogy Istenhez az élet erejéhez tartozhat! És aki nem válik bűntelenné, az nem tartózhat az élet erejéhez! És ezen felül, annak az embernek az örökbüntetés helyén a bűn uralma alatt kell élnie, míg ereje el nem hagyja! De azt az embert is elválasztom a bűn uralmától az élet számára, mikor önmagát legyőzi és Istenhez tartozik! Az embernek az életének idejéül adott pillanat az, mikor az élet erejéhez tartozhat! M.13.22. Az embernek, az életének idejéül adott pillanat az, mikor eltérhet a bűn uralmától! És abban az időben, mikor eltér a bűntől, elérheti a tökéletességet! Határozd el, hogy kizárólag Istenhez akarsz tartozni, vagy a hitványul élőkhöz, mert oda fogsz megérkezni! M.13.23. Amíg életének idején beszennyezi életét, addig nem érkezhet el Istenhez! És addig, életének fájdalmai és minősége sem javulhat, míg nem válik meg a bűnös világtól! De aki elhatározza, hogy kigyógyul bűneiből és bűntelenné is válik, annak megállítom életének idejét, mert az kizárólag Istenhez tartozhat!

M.13.24. És akit az emberek közül, életének ideje alatt a bűn ural, annak ítéletem: Addig kell a bűn uralma alatt lévő emberek között élned, míg meg nem válsz bűneidtől, míg többé nem változtatod a világi életet! Mert az a beszennyezett, aki bűntelenné tud válni a bűnös világi életben, az tartozhat csak Istenhez! A bűntelenné válás vált meg és indít el, Isten felé! M.13.25. Aki a bűn uralma alatt lévő emberek közül, rátalál élete rendeltetésére és beszennyezettből tisztává alakul, annak megígéri Isten, hogy kizárólag hozzá az élet erejéhez tartozhat! De amíg a bűn uralja az ember életét, addig az örökbüntetés helyén kell élnie! És akkor érkezhet meg hozzá az élet, mikor megváltja magát a hitvány és bűnös világi élet erejétől! Határozd el, hogy kizárólag Istenhez vagy a hitvány bűnösökhöz akarsz tartozni, mert oda is fogsz megérkezni! M.13.26. Annak a beszennyezetnek, aki időben megtisztul, és kizárólag Istenhez tartozik, megígéri Isten az élet erejét! De aki nem tisztul meg, az nem élhet az élet erejével! És ezen felül, a bűn uralma alatt lévő embernek az örökbüntetés helyén kell élnie, ahol még el is erőtlenedik! Az embernek azért adtam az életének idejét, mert az alatt a pillanat alatt győzheti le önmagát és válhat meg a bűn uralmától! Mert abban az időben tartozhat kizárólag Istenhez az élet erejéhez, mikor elválasztja magát a bűntől! M.13.27. Mert megígérte Isten: Aki a bűn uralma alatt lévő emberek közül, önmagát legyőzi életének idején, az kizárólag Istenhez tartozhat! Életének ideje alatt kell elhatároznia a bűnösnek, hogy bűntelenné válik vagy bűnös marad! Aki az életének idejéül adott pillanatban eltér a hitványságtól és Istenhez tartozik, ahhoz megérkezhet az életerő! M.13.28. Amíg életének ideje alatt beszennyezi magát az ember, addig a bűn uralmától függ élete és életének minősége is!

Akinek a bűn nyomasztja lelkét és nem változtatja jelentőssé életét az el fog erőtlenedni, mert ítéletemmel nem érheti el az élet erejét! Határozd el és válj becsületessé, hogy kizárólag Istenhez tartozhass! Mert aki nem válik meg bűneitől, az nem válhat meg a bűnös világtól! És annak ítéletemmel, nem juttatok gyógyulást! M.13.29. Aki életével az Urat segíti, annak életének ideje meghatározhatatlan! Mert ahhoz megérkezik az Úr természetfeletti ereje, az élet ereje! És aki az élet erejével él, az elindulhat az örök élet helyére! M.13.30. A bűn uralma alatt lévő embernek elrendelte Isten, hogy kizárólag hozzá tartozzon! És aki a bűn uralma alatt lévő emberek közül hozzá tartozik, annak megígéri, hogy megérkezhet hozzá az élet ereje! De amíg az örökbüntetés helyének erejével él, addig nem fedhető fel számára a természetfeletti erőben rejlő igazság! És addig, erőtlenül él! A bűnösnek, életének ideje alatt kell elhatároznia, hogy kizárólag Istenhez akar-e tartozni vagy a hitványakhoz! A rendelkezésére álló idő alatt harcolhat együtt Istenkitüntjeivel a bűntelen életért, juthat hozzá a természetfeletti erőhöz és juthat el az életerő helyére!

M.13.31. Megígéri Isten: Aki a bűn uralma alatt lévő emberek közül, életének ideje alatt rátalál rendeltetésére és Isten kitüntjeivel együtt harcol a bűntelen életért, az kizárólag Istenhez tartozhat! És ahhoz, megérkezhet az élet ereje! Mert aki a bűn uralma alatt lévő emberek közül így megváltozik, az meg tudja változtatni az örökbüntetés helyét is! Abban az időben, mikor alázatos életével elválasztja magát az ember a bűn uralmától, akkor hozzátartozhat Istenhez, az élet erejéhez! Aki az emberek közül, életének idején legyőzi önmaga bűneit, az Istenkitűntjeivel együtt harcol az életért! És aki harcol az életért, ahhoz megérkezhet az élet ereje! M.13.32. Aki életének idején, legyőzi önmaga bűneit és kizárólag Istenhez tartozik, annak megígéri Isten, hogy megérkezhet hozzá az élet ereje! De aki időben nem válik többé és nem harcol a bűntelen életért, azt nem érhetik el Istenkitűntjei az élet erejével! Ahhoz, hogy a bűn uralma alatt lévő ember előtt felfedjék az élet igazságát Isten kitűntjei, meg kell harcolnia az örök életért! A bűn uralma alatt lévő ember, addig nem fogadhatja be az életerőt, míg nem válik többé az örökbüntetés helyén! M.13.33. Addig az ideig, újrakezdi életét az örökbüntetés helyén, míg nem harcol együtt, Isten kitűntjeivel! De annak az embernek, aki bölcsen megválik a bűn uralmától és kizárólag Istenhez tartozik, nem kell újra kezdeni életét! Mert az, Isten kitűntjeivel harcol az életért! Ahhoz, hogy az ember Isten kitűntjeivel együtt harcolhasson az életért, életének idején kell legyőznie önmaga bűneit! M.13.34. Aki kizárólag Istenhez akar tartozni és együtt akar harcolni Isten kitűntjeivel, az ígérje meg Istennek: hogy életének ideje alatt, önmaga bűneit legyőzi! Amíg életének ideje alatt ezt nem éri el, addig nem harcolhat együtt Isten kitűntjeivel és a bűn uralma alatt kell élnie! A bűn uralma alatt lévő ember rendeltetése, hogy életével az örökbüntetés helyén lévő életet, megváltoztassa! Bűn uralma alatt lévő ember, időben határozd el, hogy megtisztulva, becsületesen élsz, mert addig az ideig, nem tartozhatsz Istenhez! De az a becsületes, akivel többé válik az élet, az hozzá tartozhat! M.13.35. Életének idején kell az embernek a bűn uralmától eltérnie és bűntelenné válnia, hogy Isten kitűntjeivel együtt harcolhasson! Ne késlekedj, határozd el és élj becsületesen, hogy elérhesd rendeltetésed! M.13.36. A bűn uralma alatt lévő emberek közül, aki eléri, hogy kizárólag Istenhez tartozik, annak megígéri Isten, hogy Isten kitűntjeivel együtt harcolhat az életért! Aki életének idején mégis bűnös marad, az nem tartozhat Istenhez! Azelőtt nem fedhető fel és nem tudhatja meg, hogy miben rejlik az élet igazsága és az életerő! Csak később tudhatja meg, abban az időben, mikor bűntelenné válik! M.13.37. Tisztességesen élve harcolhatsz együtt Isten kitűntjeivel és változtathatod meg életed minőségét! Mikor életed idején, becsületesen és alázatosan élsz, akkor megtérhetnek hozzád Istenkitűntjei az élet erejével! És aki így harcol az életért, annak elmúlnak fájdalmai! Mert elhatároztam: az életerőélt, becsületesen kell élnie és kizárólag Istenhez kell tartozni az embernek!

M.13.38. Aki a bűn uralma alatt lévő emberek közül, életével segíti az Urat, annak életének ideje meghatározhatatlan lesz! És aki az emberek közül beszennyezi életét, az a bűn uralma alá kerül! A bűntelen, elindulhat az Úrhoz, a beszennyezett nem! M.13.39. És megígéri Isten: Akivel a bűn uralma alatt lévő emberek közül többé válik az élet, az kizárólag Istenhez tartozhat! Aki a bűn uralma alatt lévő emberek közül becsületessé válik és megválik a bűnös világ jelentőségeitől, ahhoz megérkezhet az élet ereje! Mert a beszennyezett ember erőtlen, a tiszta pedig életerős! M.13.40. A bűntelen ember sorsát, megváltoztatja az élet ereje! A bölcs ember, becsületességgel válhat tökéletessé és szabadulhat meg az időtől, a meghatározhatatlanságba! M.13.41. Mert a bölcs embert, aki becsületességével változtat sorsán, megszabadítja az élet ereje, az időtől! M.13.42. A bölcs ember, bűntelenné válásával szabadítja meg lelkét az időtől! A bölcs emberhez, mikor megszabadult és kizárólag Istenhez tartozik, megérkezhet a tiszta életerő! A hitvány embernek, bűntelenül kell élnie ahhoz, hogy megérkezhessen hozzá a bölcsesség, hogy elindulhasson lelke a szabad élet felé! Az ember, bölcs cselekedeteivel szabadíthatja fel magát és érheti el, az élet erejét! M.13.43. Amíg a bűn nyomasztja lelkét az embernek, addig annak uralma alá tartozik! De amint bűntelenné válik, megígéri neki Isten, hogy kizárólag hozzá tartozhat! Mert aki így jelentőssé tud válni, az kizárólag Istenhez tartozhat! És figyelmeztetem az embert: Aki az emberek közül, életének idején nem szabadul meg a bűn uralmától, annak nem nyilváníthatják ki Isten kitűntjei az élet bölcsességeit! És annak lelke, nem érkezhet meg a tökéletességbe, csak a hitvány világi életbe! M.13.44. Tényleg így van, a hitvány ember nem érkezhet az életerő helyére, csak a bűnösökhöz! Határozd el, hogy Istennel vagy a bűnösökkel akarsz élni! M.13.45. Az ember, életével választja meg, hogy hová tartozik. Aki szellemi szegénységben él, az a hitvány, bűnös emberekhez fog megérkezni! És aki a bűn uralma alatt lévő emberek közt többé tud válni, az élete eredményéül, befogadhatja az életerőt! Ezért felszólítom az embereket: Ne a bűnösökhöz tartozzatok, mert akkor nem fogadhatjátok el az üdvösséget! M.13.46. Isten kitűntjei is, életük idején váltak bűnösből, többé! Mikor bűnös, jelentéktelen lelkük megtisztították, akkor megérkezhetett hozzájuk a kiterjesztett életerő! A bűnös léleknek, ahhoz békességgel kell élnie és többé kell válnia, hogy közel kerülhessen az Úrhoz, az élet titkához! M.13.47. Aki a hitvány emberek közül, életének idején ártatlanná válik, ahhoz megérkezhetnek Isten kitűntjei az élet erejével! Mert aki Istenhez tartozik, arról gondoskodik Isten!

M.13.48. Az ember, ártatlan életének hatalmával hozhatja létre a kapcsolatot Istennel és tartozhat össze az élet erejével! És aki a bűn uralma alatt lévő emberek közül így él, annak sorsáról és életéről, Isten fog gondoskodni! A bűn uralma alatt lévő embernek, munkálkodnia kell azon, hogy élete eredményeként megváltozzon élete! És az emberek közül, akinek élete eredménytelen marad Isten számára, annak lelke nem élhet Istennel! M.13.49. A bűn uralma alatt lévő embernek, életének ideje alatt kell kizárólag Istenhez tartoznia, hogy megérkezhessen a halhatatlanságba! És aki az engedetlen és tisztátalan szellemek börtönébe lehúzó erő alatt Istenhez tud tartozni, annak életéről és sorsáról, az élet ereje fog gondoskodni! A bűn uralma alatt lévő emberek közül, akinek alkalmazni tudja Isten élőhelye cselekedetét, azt megjelöli az élettel, hogy eggyé válhasson, az élet erejével! A hitvány lélekhez is megérkezhet az életerő, amint kizárólag Istenhez, az élethez tartozik! M.13.50. Mert megígérte Isten: Aki a bűn uralma alatt lévő emberek közül, önmagát legyőzi életének idején, azt elválasztom Isten, az élet számára! És aki kizárólag Istenhez tartozik, ahhoz megérkezhet az élet ereje! M.13.51. Megígéri annak Isten, aki önmagát legyőzte életének idején: Elérted, hogy életed idején hozzám tartozhatsz, ezért megérkezem hozzád! És akihez a bűn uralma alatt lévő emberek közül megérkezem, annak életéről és sorsáról gondoskodom! Életének és munkájának eredményeként, a bűn uralma alatt lévő emberek közül is, bárki eggyé válhat az élet erejével, ha erejét megfeszítve küzd, Isten élőhelyéért! De a bűnös, hitvány embernek, elenyészik életereje, mert nem jól él! És aki így él, ahhoz nem érkezhet meg az élet ereje! M.13.52. Ezért jól ítéld meg, hogy hová tartozol, mert oda fogsz megérkezni! Aki ártatlanul él az emberek között, arról Isten fog gondoskodni az élet erejével! A bűn uralta életben, bármelyik ember létrehozhatja a kapcsolatot, Isten élőhelyével! Az ember, ahogy él, úgy alakítja életét és sorsát! Annak a léleknek tudja alkalmazni Isten élőhelye cselekedetét, aki többé tudja változtatni életét!

Mert megítélem az ember életét: És aki többé tud válni, ahhoz megérkezhet az életerő, aki pedig hitványul él, annak elenyészik ereje! M.13.53. Bármelyik bűn uralma alatt lévő embernek, megígéri Isten: Aki életének idején kizárólag Istenhez tartozik, ahhoz hozzárendeli az élet erejét és eggyé is válhat vele! De aki az emberek közül ezt életének idején nem éri el, annak sorsáról nem gondoskodhat Isten és nem is érkezhet meg hozzá az életerő! Ahhoz a lélekhez juthat el az életerő, akinek alkalmazni tudja Isten élőhelye, cselekedetét! M.13.54. Utasítom az embereket: Életetek idején, önmagatok legyőzésével tisztuljatok meg és váljatok el a bűn uralmától, hogy kizárólag Istenhez tartozhassatok! És abban az időben, mikor bölcsen így éltek, megérkezhet hozzátok az élet ereje!

M.13.55. Aki időben kizárólag Istenhez tartozik, annak ítéletével megígéri Isten: Az engedetlen és tisztátalan szellemek börtönébe lehúzó erő, nem fog elérni hozzád, mert megtisztultál bűneidtől! De aki késlekedik megváltozni, az nem hozzám fog megérkezni, hanem a bűnösökhöz! Aki időben szándékozik az engedetlen és tisztátalan szellemek börtönébe lehúzó erőtől, az élet rejtett oldaláról megérkezni hozzám, azt ítéletemmel, életerőhöz juttatom! Szándékozz te is többé válni, az élet erejéért! M.13.56. Aki időben megtisztul, annak megígéri Isten, hogy kizárólag hozzá tartozhat! És aki késlekedik megérkezni hozzá a bűn uralma alól, az el fog erőtlenedni! Az ember, abban az időben kötődhet az élet erejéhez és tartozhat az örökkévalósághoz, mikor elválasztja magától a bűnt és tisztán él! Ember, élj úgy, hogy az élet erejétől függhessen sorsod! M.13.57. Az ember, életével teszi láthatóvá, hogy hová tartozik! Aki életének idején a bűn uralmához kötődik, az attól teszi függővé, életét és sorsát! De megítéli minden lélek életét Isten: És aki úgy él, hogy alkalmazni tudja cselekedetét Isten élőhelye, ahhoz megérkezhet az élet ereje és örökké élhet! És aki az életéül adott időben nem így él, az ítéletemmel megismétli életét! M.13.58. Az embernek, akitől függ élete, attól is függ sorsa! Azon életének idején mikor megtisztulva él az örökkévalósághoz tartozhat! A bűntelen emberről, gondoskodik Isten és kiszabadítja a világi életből! Bölcsen tisztulj meg és élj becsületesen, hogy többé válhass és megérkezhessen hozzád az élet ereje! M.13.59. Isten a hitvány embert, élete átalakítására utasítja: Ahhoz, hogy Istenhez tartozhass, hogy gondoskodhasson rólad Isten és megérkezhessen hozzád az élet ereje, szükséges, hogy ártatlanná válj! Szükséges úgy élned, hogy életed és sorsod, az örökkévalósághoz tartozhasson! Amíg bármilyen bűn ural, addig nem élhetsz Isten élőhelyén! Ahhoz szükséges, hogy cselekedeteiddel többé válj! Szükséges, hogy bűnös emberből, bűntelenné válj! Mert az a lélek válhat eggyé az élet erejével, akinek erkölcse megfelelő!

14.

M.14.1. Hogy Isten az élet ereje, újra meg nyilatkozhasson, bűntelenül és tisztességesen kell élned! M.14.2. Isten az élete átalakítására utasítja a hitvány embert: Életed idején, erkölcsileg jobbá és többé kell változtatnod életed, mert úgy tartozhatsz Istenhez és juthatsz hozzá az életerőhöz! M.14.3. Aki a hitványak közül megtér, és kizárólag Istenhez tartozik, annak megígéri Isten: Aki a hitványak közül időben kizárólag Istenhez tartozik, ahhoz megérkezhet az életerő és elmúlhatnak fájdalmai! És az közel kerülhet, az Úr jelenlétének titkához! M.14.4. Az válhat dicsőségessé és tartozhat Istenhez az örökbüntetés helyén, aki testileg és lelkileg megtisztul! Abban az időben, mikor becsületesen és bűntelenül élve az ember erkölcsileg jobbá válik, akkor kizárólag Istenhez tartozhat! És aki ilyen bölcsen megleli az élethez vezető utat, az Isten utasítására, halhatatlansághoz juthat! M.14.5. Aki tiszta életével legyőzi a bűn uralmát az emberek közül, az kizárólag Istenhez tartozhat! És az Isten élőhelyének utasítására, hozzájuthat a halhatatlansághoz és bőséghez! De aki késlekedik és bűnben él, az nem juthat az örök élethez! M.14.6. Az ember, bűntelenül élve válhat dicsőségessé és találhat rá az örökbüntetés helyéről kivezető útra, a halhatatlan életbe! Isten hírt hall azokról, akik testileg és lelkileg megtisztulva, bűntelenné tudtak válni! Azok életük eredményeként, kizárólag Istenhez tartozhatnak! Mert azok a lelkek, akik bűneiktől megtisztulva legyőzik önmaguk, örökké élhetnek! A bűnteleneket, Isten élőhelye hozzájuttatja az élet erejéhez! M.14.7. Ahhoz, hogy a hitvány ember is hozzá jusson: Le kell győznie önmagát és erkölcsileg jobbá kell válnia! Mert Isten elhatározta: Aki uralkodni tud önmagán és bűntelenül, becsületesen él az útnak indulhat a szabadságba! M.14.8. Aki késlekedik megtisztulni és erkölcsileg jobbá válni az emberek közül, az nem tartozhat hozzám, az újrakezdi életét az örökbüntetés helyén! És Isten, kitűntjeivel eljuttatja a bűntől megtisztult lelkekhez az élet erejét! Ne késlekedj megtisztulni és becsületességgel többé válni, mert úgy értheted meg, hogy miben van az Úr jelenlétének titka! Ahhoz, hogy Istennel élhess, le kell győznöd önmagad és békességgel kell élned! Amennyire ehhez közel kerülsz, annyira állítom meg, életed idejét!

M.14.9. Aki le tudja győzni önmagát életének idején, ahhoz Isten kitűntjei életerőt juttatnak! És aki erkölcsileg elbukott, az nem juthat hozzá a természetfeletti erőhöz az élet erejéhez! Az újrakezdi életét az örökbüntetés helyén! Tisztulj meg a bűn uralmától, mert amíg nem tisztulsz meg, addig nem tartozhatsz hozzám és nem juthatnak el hozzád Isten kitűntjei az életerővel! Az válhat többé az emberek közül, aki megtisztul bűneitől és becsületesen él! És aki nem így válik többé, az újrakezdi életét az örökbüntetés helyén!

M.14.10. A bölcs, bűntelen és ártatlan életével beteljesíti rendeltetését! Az életének idején, ártatlanul és bűntelenül élve, Istennel él a világ rendjében! Annak erkölcse a mennytől és nem a világi élettől függ! Aki így megvilágosodik az emberek közül, az kizárólag Istenhez tartozhat! És akit megszerez Isten, azt egyesíti az élet erejével! A bűntelen embernek, akivel megújítja kapcsolatát Isten, elszállhat lelke az örökbüntetés helyéről a halhatatlan és bőséges életbe! És akik kizárólag Istenhez tartoznak, mert Isten emberévé tudtak válni, azok mind így élhetnek! M.14.11. Aki az emberek közül bizonyságot tesz arról, hogy erkölcsileg jobbá vált az kizárólag Istenhez tartozhat! És az erkölcsileg jobbá vált ember, Isten kitűntjeivel élhet! Isten, összegyűjti azokat a lelkeket, akik tisztességesen, békességgel élnek és megszünteti bűnhődésük az engedetlen és tisztátalan szellemek börtönében! M.14.12. Az ártatlan ember, megújíthatja kapcsolatát Istennel, Istenhez tartozhat és megszerezheti az élet erejét! De aki az emberek közül erkölcsileg bűnös és ingadozik megújítani kapcsolatát Istennel, az nem tartozhat Istenhez! A tisztességes lélek, élete eredményeként Isten emberévé válva, halhatatlanságban és bőségben élhet! M.14.13. Az Istentől elszakadt lélek, ártatlanná válásával és azzal, hogy legyőzte önmagát, bizonyíthatja a meghatározhatatlan Isteni hatalom létezését! És a tökéletessé vált emberrel, megújítja kapcsolatát Isten! Aki az emberek közül le tudja győzni önmagát és meg tudja újítani kapcsolatát Istennel, az hozzá is tartozhat! Mert az Istentől elszakadt lélek is megújíthatja kapcsolatát Istennel, mikor kizárólag Istenhez tartozik! És azt tényleg elkülönítem az emberek közül, akihez ítéletemmel hozzárendeltem az élet erejét! M.14.14. Az erkölcsileg bűnös emberrel is megújítja kapcsolatát Isten, és az is megszerezheti az élet erejét, mikor kizárólag Istenhez tartozik! Az erkölcsileg jobbá váló ember, aki dicsőségessé vált, birtokolhatja a kiterjedő Isteni megbízatást! És aki nem vált jobbá az nem! De az a lélek, csak magát hibáztathatja! Isten megnyilatkozik annak, aki birtokolhatja a kiterjedő Isteni megbízatást: Hittél dicsőséges hatalmamban, ezért ítélethozatalommal jelentőssé teszlek és megmentlek az üdvösségbe! Hűséges voltál Istenhez, ezért jelentős ítélethozatalommal birtokolhatod a kiterjedő élet erejét és az azzal járó megbízatást!

M.14.15. Kizárólag Istenhez tartoztál, ezért megszerezheted a halhatatlanságot és bőséget! Aki Isten embereként megerősíti hatalmam, az kizárólag Istenhez tartozhat! Mert aki Isten akaratát megtestesíti, az kizárólag Istenhez tartozhat! M.14.16. Akiről hírt hallok, hogy kizárólag Istenhez tartozik, azt hatalmammal dicsőségessé teszem, és birtokolhatja a kiterjedő életerőt! Aki kizárólag Istenhez tartozik, azt megbízza Isten: Isten embereként megtestesítetted Isten akaratát, ezért ítéletemmel, hozzájuttatlak az élet hatalmához! Mert aki az emberek közül, önmaga bűneit le tudja győzni és tisztességesen tud élni, az ítéletemmel, Isten emberévé válhat, és kizárólag Istenhez tartozhat! M.14.17. Azon életének idején, mikor az ember erkölcsileg jobbá válik, kizárólag Istenhez tartozhat! És aki kizárólag Istenhez tartozik az Isten embere, aki birtokolhatja az Isteni megbízatást és túlélheti Isten ítéletét! Annak, Isten megnyilatkozik: Hittél hatalmamban, ezért megmenekültél! Így váltál dicsőségessé, ezért kiterjesztem rád az élet erejét és az üdvösséget! Aki nem birtokolhatja az Isteni megbízatást, és akire nem terjedhet ki az életerő, az csak magát hibáztathatja! Ítéletemmel, arra terjedhet ki az életerő és az birtokolhatja az Isteni megbízatást, akivel jelentőssé és dicsőségessé válik hatalmam! Aki az erkölcsileg bűnös emberek közül meg tudja újítani kapcsolatát Istennel és hűséges is marad hozzá, azzal válhat jelentőssé és dicsőségessé, Isten élőhelye! És azt a lelket, ítéletemmel életerőhöz juttatom! M.14.18. És azon életének idején, mikor az ember Isten emberévé válik, és kizárólag Istenhez tartozik, megállítom életének idejét! Mikor az ember erkölcsileg jobbá válik, és kizárólag Istenhez tartozik, akkor Isten élőhelyén élhet! Az ember, tisztességesen élve változtathatja meg kapcsolatát Istennel és tartozhat kizárólag hozzá! De az a lélek, aki nem ilyen formában él, az csak magát hibáztathatja, hogy nem juthat el Istenhez! M.14.19. Mert aki az emberek közül késlekedik megújítani kapcsolatát Istennel, ahhoz nem juthat el Isten! Pedig az embernek ahhoz, hogy Istenhez tartozhasson, létre kell hoznia kapcsolatát

Istennel! Az Istentől elszakadt, bűnös léleknek, erkölcsileg jobbá kell válnia ahhoz, hogy megváltoztassa kapcsolatát Istennel! Ember, ne késlekedj, győzd le önmagad, hogy ítéletemmel megújíthasd a kapcsolatod az élet erejével! M.14.20. Mert ítéletemmel az tartozhat kizárólag Istenhez és az juthat el Isten élőhelyére, aki meg tudja újítani a kapcsolatát az emberek közül Istennel, az élettel! Aki meg tudja újítani az emberek közül a kapcsolatot Istennel, annak beteljesedhet boldogulása! Aki becsületességével többé válik az emberek közül, annak meg fog változni kapcsolata Istennel! Ilyen formában tartozhatsz te is Istenhez és juthatsz el Isten élőhelyére!

M.14.21. Akinek az erkölcsi bűnben lévő emberek közül, kevés az életideje arra, hogy ártatlanná válva megvalósítsa és eredményessé tegye életét, azzal nem újítja meg kapcsolatát Isten és nem szerezheti meg az élet erejét! Annak a léleknek nem változhat meg kapcsolata Istennel, aki meginog attól, hogy bűntelenné váljon, hogy megvilágosodva többé változtassa életét! És akinek az emberek közül élete nem a menytől függ, hanem a világi élettől, annak élete megszűnésével, visszaszáll lelke az örökbüntetés helyére! De akik az emberek közül, kizárólag Istenhez tartoznak és Isten embereként élnek, azokkal megújítja kapcsolatát Isten és egyesíti őket a halhatatlan és bőséges életbe! Mert aki kizárólag Istenhez akar tartozni, annak Isten emberekként kell élnie! M.14.22. Abban a pillanatban, amint bűntelenül élsz, átadod magad a halhatatlanságnak! Aki bölcsességével megvalósítja rendeltetését és behódol Istennek, az többé változtatja életét! De aki ellenkezik Istennel és nem válik tökéletessé, az nem újíthatja meg kapcsolatát Istennel! Az embernek, bölcsen kell élnie ahhoz, hogy Istentől elszakadt lelkével, meg tudja újítani kapcsolatát Istennel! M.14.23. Aki erkölcsileg jobbá válik, és kizárólag Istenhez tartozik az életének idején beteljesítette és eredményessé tette azt, amit elrendeltem! És azokat a lelkeket, akik tisztességessé váltak, akik Istennel békében éltek, életerőhöz juttatom és összegyűjtöm őket az engedetlen és tisztátalan szellemek börtönéből, Isten élőhelyére! M.14.24. Aki az erkölcsileg bűnös emberek közül ártatlanná válik, az megújíthatja kapcsolatát Istennel és kizárólag Istenhez tartozhat! És az a lélek, megszerezheti a halhatatlan és bőséges életet! De az a lélek, aki meginog, és nem akar tisztességessé válni, Istenhez tartozni, az élete eredményeként nem juthat ehhez! M.14.25. Aki az emberek közül, késlekedik legyőzni erkölcsi bűneit és ártatlanná válni, azzal a lélekkel nem újítja meg kapcsolatát Isten! Mert az erkölcsileg bűnös lélek, nem újíthatja meg kapcsolatát Istennel, nem tartozhat Istenhez és nem szerezheti meg az élet erejét! És ezért az ember, csak magát hibáztathatja! Aki az emberek közül erkölcsileg jobbá válik, annak megnyilatkozik Isten: Hittél bennem és dicsőségessé váltál! Ezért birtokolhatod a kiterjedő életerőt és az Isteni

megbízatást, amivel megmenthetsz másokat! És
aki birtokolja az Isteni megbízatást és a kiterjedő
életerőt, azt hatalmammal üdvözítem és
dicsőségessé teszem! Jelentős
ítélethozatalommal birtokolhatja az ember, a
kiterjedő életerőt és az ezzel járó Isteni
megbízatást! Aki így válik dicsőségessé és
hűséges hozzám, az jelentős ítélethozatalommal
élhet! M.14.26. Aki Isten embereként
megtestesíti Isten akaratát, az kizárólag Istenhez
tartozhat! És aki kizárólag Istenhez tartozik, azt
annak hatalma megmenti!

M.14.27. Aki kizárólag Istenhez tartozik, az
hozzájuthat a kiterjedő életerőhöz és
birtokolhatja az Isteni megbízatást! Aki Isten
embereként élve dicsőségessé és jelentőssé teszi
hatalmam, az ítéletemmel kizárólag Istenhez
tartozhat! Azon életének idején, mikor a bűnös
ember legyőzi önmagát és tisztességesen él,
megtestesíti Isten akaratát! És hatalmamtól,
akkor eljuthat lelkéhez az életerő! M.14.28.
Minél később tartozik kizárólag Istenhez az
ember, annál később válhat vele többé
hatalmam! És aki nem tartozik kizárólag
Istenhez, az csak magát hibáztathatja! Aki
erkölcsileg jobbá válik és Isten embereként él,
annak Isten megnyilatkozik: Dicsőségessé váltál,
ezért birtokolhatod a kiterjedő életerőt és az
Isteni megbízatást, amivel másokat is
megmenthetsz! Hittél bennem, ezért üdvözítlek!
Aki dicsőségessé és jelentőssé teszi Isten

hatalmát, arra kiterjesztem az élet erejét! Azt
ítélethozatalommal megbízom: Terjeszd a
birtokodba adott életerőt, hogy minden lélek
birtokolhassa azt! Terjeszd, hogy az erkölcsileg
bűnös ember, hogy újíthatja meg kapcsolatát
Istennel, hogy válhat dicsőségessé! És amíg ezt
hűségesen megteszed, addig ítéletemmel, mindig
hozzájuttatlak a jelentős életerőhöz! M.14.29.
Amíg kizárólag Istenhez tartozol, és többé válik
veled hatalmam, addig megállítom életed idejét!
Aki erkölcsileg jobbá válik, az válhat Isten
emberévé, az tartozhat kizárólag Istenhez és az
juthat el az életerő helyére! Azzal a tisztességes
lélekkel válik többé Isten, aki meg tudja
változtatni a kapcsolatot, ember és Isten között!
És akivel nem válik többé, az csak magát
hibáztathatja! M.14.30. Hozd létre a tisztaságot
életedben, mert úgy harcolhatsz meg az
örökkévalóságban lévő helyért, a
halhatatlanságért! Ha meg tudod valósítani, hogy
tisztán, becsületesen élsz, akkor már meg is
harcoltál az örökkévalóságban lévő helyért a
halhatatlanságért! És aki még ezt eléri, azt is
hozzájuttatom a halhatatlansághoz! M.14.31. Aki
az Istentől elszakadt lelkek közül, meg tudja
újítani a kapcsolatot az emberek és Isten között,
az megvalósította azt, amit Isten, életének idejére
elrendelt! Elérte, hogy tökéletessé vált! És aki
ellenkezik megújítani a kapcsolatot Isten és az
emberek között, az Isten ítéletével kell, hogy
éljen! Akinek az emberek közül, cselekedeteit
Isten élőhelye alkalmazni tudja, az megújíthatja
kapcsolatát Istennel! Úgy élj, hogy meg tud
változtatni a kapcsolatot az emberek és Isten

között! Aki az emberek közül erkölcsileg jobbá válik és tisztességesen él, az a lélek kizárólag Istenhez tartozhat! M.14.32. Aki a hitvány emberek közül, Isten utasítására átalakítja életét, az rátalált élete rendeltetésére és megérkezhet a halhatatlanságba! Aki az emberek közül erkölcsileg jobbá tud válni, az átalakulásával megvalósítja azt, amit Isten elrendelt! M.14.33. Lásd tisztán: Ahhoz, hogy számodra újra megnyilatkozhasson Isten az élet erejével, meg kell tisztulnod bűneidtől és tisztességesen kell élned!

M.14.34. Aki ma még hűséges a világi élethez és nem él bűntelenül, az időben térjen meg, hogy hatalmammal, örök élethez juttathassam! Mert aki a világi életben nem él bűntelen, békés életet, annak életének eredménye, hatalmam számára meghatározhatatlan! És amíg hitvány életét nem változtatja többé, addig nem indulhat útnak az örök életbe! M.14.35. Abban az időben térhet meg oda, mikor hírül adják Istennek, kitűntjei: A hitványan élők között van olyan, aki békességben él és kizárólag Istenhez tartozik! Mert ők figyelmeztethetnek arról, ha valakin láthatóvá válik, hogy bűntelenül él! És annak rendelkezésére állhat, az élet ereje! M.14.36. Utasításomra akkor juthat hozzá az életerőhöz, mikor bizonyítja az Isteni hatalom létezését békés életével és azzal, hogy kizárólag Istenhez tartozik! Mert megígérte Isten: A hitvány és jelentéktelen lelkek közül, ahhoz térhet meg az életerő, aki erkölcsi jobbá válásával jelentősen átalakítja életét és békességgel élve kizárólag Istenhez tartozik! De aki késlekedik bűneitől megtisztulni, békességgel élni és kizárólag Istenhez tartozni, azzal nem válik többé az élet! És annak megígéri Isten: Nem térhet meg hozzád, az élet ereje! M.14.37. A hitvány embernek ahhoz, hogy kizárólag Istenhez tartozhasson és halhatatlanságban éljen, az életének idejéül adott pillanatban kell békességgel élnie és megtisztulnia bűneitől! Mert ígéri Isten: Akin a hitvány lelkek közül láthatóvá válik, hogy békességgel él és megtisztul bűneitől, az eljuthat az engedetlen és tisztátalan szellemek börtönéből! És ahhoz, aki rendeltetésem szerint bűntelenül él, hozzá engedem az életerőt! De aki a bűn uralma alatt marad, az nem juthat el az örökbüntetés helyéről! M.14.38. Az abban az időben juthat el onnan, mikor békességgel él és kizárólag Istenhez tartozik! Mert a békés élet által nyújt alkalmat Isten, minden léleknek a szabadulásra! Aki nem él békességgel és nem győzi le önmaga bűneit életének idején, az minden eszközzel akadályozza, szabadulását! M.14.39. Aki önmaga legyőzésével bűntelenné válik, és kizárólag Istenhez tartozik, az megtérhet a határtalan élet helyére! És ígéri Isten: Ezt elérheti minden hitvány, aki életének idején megtisztulva bűneitől, békességgel él! M.14.40. Abban az időben, mikor valaki a hitványak közül utasításomra kizárólag Istenhez tartozik és cselekedeteivel dicsőíti az Urat, akkor az Úr, jelenlétének jelével, az élettel megjelöli! Azokat, akik életük eredményeként megvilágosodva nyilatkoznak meg, összegyűjti Isten, hogy a

mennyben éljenek! És a bűnösöknek, ígéri:
Addig nem juthattok hozzám, míg a világi
életben újjá nem születtek! M.14.41.
Békességgel éljetek, mert azzal erősítitek az
örökkévalót és hárítjátok el, az örökbüntetés
erejét! És aki a világi életben megvilágosodik és
erősíti az örökkévalót, az a mennyhez tartozhat!
Aki így él, az el tudja hárítani az örökbüntetés
erőit! És aki nem, az a bűnösökhöz kerül, mert
hozzájuk tartozik!

M.14.42. Az Úr beleegyezésével az a lélek
szerezheti meg az élet jelét, aki békés életével
erősíti az Urat! Aki ettől eltér, azt nem erősíti
meg az Úr, jelenlétének jelével! Te is így
szerezheted meg, de ha ettől eltérsz, akkor nem
rendeli hozzád az Úr, jelenlétének jelét! M.14.43.
A hitványak közül, kiválasztja azt az Úr és
jelenlétének jelével megerősíti, aki békességgel
él! Te se késlekedj békességgel élni, mert akkor
az Úr sem fog késlekedni, elhárítani előled az
örökbüntetés erőit! Mert aki életének idején
késlekedik és megismétli bűneit, ahhoz nem
térhet meg az életerő! M.14.44. Mert megígérte
Isten: A hitványak közül ahhoz térhet meg az
életerő, aki életének idején békességgel él és
kizárólag Istenhez tartozik! És az a hitvány, aki
életének idején eltér a tökéletességtől és nem él
békességgel, ahhoz nem juthat el az életerő! És
életerő nélkül, a bűnös teste elenyészik! M.14.45.
A bűnös lelke, pedig az örökbüntetés helyére
kerül vissza! Élj békességgel és az Úr
jelenlétének jelével, halhatatlanságban élhetsz! A

bűnösnek, ahhoz a világi életben kell megvilágosodnia és békességgel élnie, hogy Isten kitűntjeivel, eljuthasson a mennybe! Mert amit erősítesz, ahhoz kerülsz közel! M.14.46. Bárki, aki a bűnösök közül, időben többé válik és békességgel él, az megtérhet hozzám! De akivel az örökbüntetés erői válnak többé, annak megszűnik élete! M.14.47. Várakozom az emberre, hogy megtisztuljon a bűn uralmától, hogy békességgel éljen, hogy az élethez tartozhasson! Mert elrendeltem az embernek: Bűntelenül, békességgel kell élnie az embernek ahhoz, hogy az élethez tartozhasson! M.14.48. Aki időben, békés életével erősíti Istent, az kizárólag Istenhez tartozhat és meg is térhet hozzá! És aki a hitványak közül késlekedik és nem éri el, hogy békességgel éljen, annak ígéri Isten: A hitvány, abban az időben térhet meg és tartozhat kizárólag Istenhez, mikor bűntelenül, becsületesen él! M.14.49. Az a lélek, aki erkölcsileg jobbá válva, bűntelenül és békességgel él, az rátalálhat a halhatatlan élethez vezető útra! És aki nem, az rátalál az elmúlásra! Az válik dicsőségessé és tartozhat kizárólag Istenhez, aki az örökbüntetés helyén bölcsen, testileg és lelkileg megtisztul! M.14.50. Aki legyőzi a bűnt és bűntelenül él, az eljuthat a halhatatlanságba és bőségbe! Mert a lélek, bűneitől való megtisztulásával juthat el Isten élőhelyére, az örök életbe! M.14.51. Minél később tisztulsz meg testileg és lelkileg, annál később találhatsz a halhatatlan élethez vezető útra! Akiről az örökbüntetés helyén hírt hall Isten, hogy önmagát legyőzve megtisztult és békességgel él, azt dicsőségessé teszi, és kizárólag hozzá tartozhat!

M.14.52. Ahhoz, hogy a lélek az örök élet erejéhez jusson, előbb meg kell tisztulnia bűneitől! Mert csak bűntelenül válhat erkölcsileg jobbá és élhet békességgel! És a bűntelen, aki testileg és lelkileg megtisztult az találhat rá Istenre, és a halhatatlan életbe vezető útra! Aki az örökbüntetés helyén így dicsőségessé válik, az kizárólag Istenhez tartozhat! M.14.53. A bűntelen indulhat útnak a világi életből a mennybe, Istenhez! Világosodj meg és válj bűntelenné, és közel kerülsz szabadulásodhoz! Ahhoz, hogy Isten élőhelye alkalmazni tudja cselekedeted, előbb meg kell változtatni a kapcsolatod, Istennel! Amit úgy változtathatsz többé, ha becsületesen és békességgel élsz! M.14.54. Isten az életük átalakítására utasítja a hitvány életet élőket, hogy eljuttathassa hozzájuk kitűntjeivel az élet erejét! Azokhoz érkezhetnek meg Isten kitűntjei, akik megharcoltak az életért! M.14.55. De az nem élhet békességgel, aki a hitványakhoz tartozik! M.14.56. Bűntelenné és alázatossá válva, válhatsz meg hibáidtól és a bűnös világtól! De amíg lelked beszennyezett és a bűn nyomaszt, addig nem válhatsz jelentőssé! M.14.57. Abban az időben értheted meg a tökéletességet, mikor Isten utasítására átalakítod hitvány és bűnös életed, becsületessé! És abban az időben juthatnak el hozzád, Isten kitűntjei is!

15.

M.15.1. S akkor, újra megnyilatkozhat Isten, az élet ereje! De lásd tisztán, ehhez meg kell tisztulnod és tisztességesen kell élned! M.15.2. Annak fog megnyilatkozni Isten az élet erejével, aki időben Istennel együtt harcol, mint örökbefogadottja! És akit az Úr örökbe fogad, annak jövőt juttat és nem az örökbüntetés felé indítja el! De aki bűnös, annak nem határoz meg jövőt és azt visszajuttatja, az örökbüntetés helyére! M.15.3. Aki a bűnösök közül nem válik többé, az bűnei miatt az örökbüntetés felé indulhat útnak! Aki nem felel meg az örökkévalónak, annak jövőjéül az örökbüntetés helyét juttatja! És amíg nem felel meg, addig kénytelen ott maradni a bűn uralma alatt lévő emberek között! Mert a bűnös, csak az örökbüntetés felé indulhat el! M.15.4. Isten kitűntjei arra várakoznak, hogy a bűnösök többé váljanak, hogy kizárólag Istenhez tartozzanak és békében éljenek! Várakoznak a bűntelenekre, mert azok hozzájuk tartoznak! És akik Isten kitűntjeihez tartoznak, azoknak jövőt juttatnak! Akik pedig bűnösök maradnak, azoknak nem, mert azok az örökbüntetés helyére jutnak! M.15.5. Tisztulj meg és erkölcsöd feleljen meg Istennek, hogy kizárólag Istenhez tartozhass, hogy békében élhess! Mert az a lélek, aki megtisztul bűneitől, az élethez tartozhat! Válj többé, bűneidtől való megtisztulással, különben örökbüntetésben maradsz! M.15.6. Azokra is várakozom, akik most az örökbüntetés felé indulnak útnak. Várakozom, hogy hozzám tartozzanak! És azoknak juttatok jövőt és életet, akik megtisztulnak! Mert azok a lelkek, akik megtisztulnak bűneiktől, hozzám tartoznak! A bűnösökkel pedig az örökbüntetés helye válik többé! M.15.7. Akinek erkölcse megfelel, annak jövőt juttatok! És akié nem, azt az örökbüntetés felé juttatom! Bűn uralma alatt lévő ember, tisztulj meg, hogy az élethez tartozhass! Mert azzal a lélekkel, aki megtisztul bűneitől, többé válok! A bűneitől megtisztultak, pedig többé tudják változtatni az örökbüntetés helyét! M.15.8. Aki időben bűntelenné válik, annak gyógyulást juttattok! A becsületes embernek, aki hozzám tartozik, jövőt juttatok! Tisztulj meg, különben az örökbüntetés felé indulsz útnak! Tisztítsd meg lelked bűneidtől, mert megtisztulva válhatsz többé! A bűnösök, pedig az örökbüntetéshez tartoznak! M.15.9. Isten kitűntjei, kiterjesztik az örökkévalóságot arra a bölcsre, aki bűnösből bűntelenné tud válni! Mert arra várakoznak, aki így létre tudja hozni a kapcsolatot, Isten élőhelyével! És aki nem, azt visszajuttatják az örökbüntetés helyére!

M.15.10. Bárki, akinek a jelentéktelen életűek közül megfelel erkölcse, az élete eredményeként, kijuthat az örökbüntetés helyéről! Mert elrendeltem: Aki az örökbüntetés helyén megtisztul, és bűnösből többé válik, az hozzám tartozhat! A léleknek, ahhoz meg kell tisztulnia a bűntől, hogy bűnösből többé tudjon válni! Mert a megtisztulás juttatja ki a lelket, az örökbüntetés helyéről! M.15.11. Isten kitűntjei azt az embert juttathatják hozzá az élet erejéhez, akinek erkölcse megfelelő! És akinek nem, annak jövőt az örökbüntetés juttat! A lélek, a bűntől való megtisztulás hatalmával tartozhat hozzám és nem az örökbüntetéshez! Tisztulj meg bűneidtől, mert a tiszta lélekkel válok többé! A bűnössel, pedig az örökbüntetés helye válik többé! M.15.12. A bűn, az örökbüntetés felé juttat! Az erkölcsösség, pedig a halhatatlanságba és bőségbe! A bűnt választod, vagy a bűntelenséget? A bűntől való megtisztult léleknek juttathatják jövőjéül Isten kitűntjei a halhattalanságot! Mert az a lélek, aki megtisztul bűneitől, halhatatlanságban és bőségben élhet! M.15.13. Abban az időben, mikor erkölcsileg jobbá válsz, jövőd nem az örökbüntetés felé fog juttatni! Abban az időben, mikor legyőzöd a benned lévő bűn uralmát és erkölcsileg jobbá válsz, életerőd hatással lesz a környezetedben lévő emberek életére is! Az embernek, életének idején kell megtisztulnia a bűn uralmától, hogy az Úrhoz tartozhasson! Tisztulj meg, hogy az örökbüntetés helyett az örök életben élhess! Mert azzal a lélekkel válok többé, aki megtisztul bűneitől és becsületesen él! M.15.14. Az a bölcs lélek teljesíti be életét, aki bűntelenné válik életének idején! És aki bölcsen, bűntelenül él azt örökbe fogadom a halhatatlanságba! Mert az a lélek, aki az engedetlen és tisztátalan szellemek börtönében tisztességessé tud válni és Istennel békében tud élni, az kijuthat onnan és megtérhet hozzám! Azokat összegyűjti Isten, akik életük eredményeként, kizárólag Istenhez tartozhatnak!

M.15.15. A bűntelenné válás alakítja életed eredményessé és általa tartozhatsz kizárólag Istenhez! Az ilyen formán tökéletessé vált ember, megújíthatja kapcsolatát Istennel! És aki az emberek közül ettől eltér, az nem újíthatja meg kapcsolatát Istennel! Mert Isten megítéli, hogy kinek tudja alkalmazni cselekedetét az emberek közül! És az a tisztességes lélek, aki meg tudja változtatni kapcsolatát Isten élőhelyével, az kizárólag Istenhez tartozhat! De aki nem tartozik hozzá, annak az örökbüntetés juttat jövőt! Mert az a lélek, aki elszakad Istentől, az elszakad az élettől is! M.15.16. Aki életének idején a bűn uralma alatt lévő emberek közül megtisztulva tökéletessé válik, azt az Úr örökbe fogadja és jövőt juttat neki! És azon a lelken, aki megtisztul bűneitől, nagyon érezhetővé fog válni a meghatározhatatlan élet ereje! De aki nem válik bűntelenné, annak megszűnteti erejét az örökbüntetés! M.15.17. Aki a bűn uralma alatt lévő emberek közül megtisztul, az Isten kitűntjeihez tartozhat! És arra Isten kitűntjei, nagyon érezhetően kiterjesztik az élet erejét! De annak a léleknek jövőjéről, aki életének idején nem tisztul meg, és nem válik bűntelenné az örökbüntetés ereje fog gondoskodik!

M.15.18. Azzal segíti az Urat az ember, ha megtisztul bűneitől! És aki a bűn uralmától megtisztul, azt örökbe fogadja az Úr! Az élet ereje csak arra vár, hogy a bűnös ember, bűntelenné váljon! Mert a lélek felett, akkor szűnik meg az örökbüntetés ereje, akkor juttathat életének jövőt és válhat nagyon érezhetővé számára az élet erejét! M.15.19. Abban az időben, mikor így többé válik, az Úr jövőt juttat számára az élet erejével, aminek segítségével eljuthat az örökbüntetés helyéről! De az embernek ahhoz, hogy eljusson az örökbüntetés helyéről, meg kell válnia a bűn uralmától! Az Úr, annak juttat jövőt az élet erejével, aki legyőzi önmaga bűneit és többé tud válni életének idején! Harcolj azért, hogy erkölcsössé válj, mert úgy változtathatod többé életed és úgy válhatsz, Isten akaratának új megtestesítőjévé! M.15.20. Az Isten kitűntjeivé vált emberek is, addig várakoztak a bűn uralma alatt lévők között, amíg életükkel meg nem harcoltak azért, hogy Isten akaratának új megtestesítőjévé váljanak! Mert Isten kitűntjei is, bűnösből váltak bűntelenné! Az Úr várja, hogy bűnösből, te is többé válj! M.15.21. Akinek erkölcse megfelel az Úr számára, az kizárólag Istenhez tartozhat és Isten kitűntjeként, békében élhet! Tisztulj meg és tartozz hozzám! Mert annak a léleknek, aki megtisztul bűneitől és bűntelenné válik, megszűnik büntetése! M.15.22. Akárki tartozhat Isten kitűntjeihez, azok közül, akinek erkölcse megfelelő! Várom a bűntől megtisztult lelkeket, mert ők hozzám tartoznak! De azon életének idejéig, míg nem tisztul meg az ember, az örökbüntetés ereje válik vele többé! Tisztulj meg bűneidtől, különben megszűnik életed! M.15.23. Ezen felül, aki életének idején kizárólag Istenhez tartozik, az békében élhet! És akinek erkölcse megfelel az Úrnak, az hozzá tartozhat az élet erejéhez! Azokra a jelentéktelenekre várakozik az Úr, akik bűnösből, bűntelenné tudnak válni!

Mert azok élete, megszűnik az örökbüntetés helyén! M.15.24. A bűn uralma alatt lévő emberre várakozik az élet, hogy életének idején megharcoljon a bűntelenné válásért! Mert azzal a harccal válhat Isten akaratának új megtestesítőjévé! Amelyik életének idején önmagát legyőzve, bűnösből, bűntelenné tud válni, akkor Isten kitűntjeihez és Istenhez tartozhat! És aki kizárólag Istenhez tartozik, az békében élhet! Rád is várakozik, hogy bűnösből, többé válj! M.15.25. Életed idején, jelentős harcot folytatsz az idővel, az életerőért! Ha az Úr segítőjévé tudsz válni, nem az örökbüntetés helyére fogsz vissza jutni! Harcolnod kell életed idején, hogy Isten akaratának új megtestesítőjévé válva, közel kerülhess az örökkévalósághoz, különben az örökbüntetés felé indulsz útnak! Amint harcoddal, Isten akaratának új megtestesítőjévé válsz, befejeződik harcod az örökbüntetés erőivel! Hogy meddig tart, míg megharcolsz bűneiddel és eljutsz az Úrhoz, az élet erejéhez? Annak ideje meghatározhatatlan! Harcolj meg bűneiddel, hogy Isten akaratának új megtestesítőjeként, Isten kitűntjévé válva, az örökkévalósághoz tartozhass!

M.15.26. Az Úr várja, hogy kizárólag Istenhez tartozz, hogy Isten kitűntjeivel békében élhess! De figyelmeztet is: Azon életed idejéig, míg nem válsz tökéletessé, nem indulhatsz útnak az örökkévalóságba, csak az örökbüntetés felé! Az örökbüntetés helyén, többé válásoddal harcolsz meg azért, hogy Isten akaratának új megtestesítőjeként, Isten kitűntjeihez tartozhass!

És mikor többé válva kizárólag Istenhez tartozol, akkor Isten kitűntjeivel, békében élhetsz az örökkévalóságban! Isten arra vár, hogy bűnösből, bűntelenné válva, megtestesítsd akaratát és Isten kitűntjeként harcolj az örökbüntetés helyét uraló bűn ellen! M.15.27. Mert aki bűnösből, bűntelenné válik, annak az embernek erkölcse megfelel arra, hogy életének eredményeként, Isten kitűntjévé váljon! És a bűneitől megtisztult lélek, hozzám tartozhat! A bűnös, megtisztulásával válhat többé és szüntetheti meg büntetését az örökbüntetés helyén! M.15.28. De ahhoz, hogy ne az örökbüntetés felé indítsam útnak, időben kell erkölcsileg jobbá válnia! Az ember, önmaga bűneinek legyőzésével tud hatni életére és környezetére! Mert a becsületesség olyan erő, ami megszabadít a bűn uralmától! Ne késlekedj, így válj többé, életed idején! M.15.29. Mert az a bölcs lélek, aki életének idején beteljesíti élete rendeltetését, az megszerezheti a halhatatlan életet! Aki bölcsen bűntelenné válik, ahhoz tisztulásának eredményeként, eljuttatom a halhatatlan élet erejét! Az engedetlen és tisztátalan szellemek börtönéből összegyűjtöm azokat, akik Istennel békében élnek, és akik kizárólag Istenhez tartoznak, hogy átadjam nekik a halhatatlanság erejét! M.15.30. Isten ítéletével, az Istentől elszakadt lélek is megújíthatja kapcsolatát Istennel, amint bűntelenül és kizárólag Istenhez tartozva él! De aki az emberek közül, nem válik bűntelenné és eltér Istentől, azzal nem újítja meg a kapcsolatot, Isten! Cselekedjen úgy az ember, hogy meg tudja változtatni kapcsolatát Istennel! Mert annak a léleknek tudja alkalmazni Isten élőhelye cselekedetét, aki tisztességessé válik, és kizárólag Istenhez tartozik! És aki bűnös marad, azt bűnei az örökbüntetés felé juttatják! M.15.31. Aki ilyen formában harcol bűnei ellen, azzal együtt harcol Isten, hogy megtérhessen az élet helyére! És aki nem, annak bűnei miatt, nem változhat meg sorsa! Amíg beszennyezi életét, addig nem élhet békében és örök élettel, csak az engedetlen és tisztátalan szellemek börtönében! M.15.32. Azért utasítja Isten a bűnöst, életének átalakítására, hogy jövőjéül, ne az örökbüntetés jusson! Mert elrendelte: Az ember, bűntelenül élve juthat keresztül az örökbüntetés erőin és juthat jövőjéül, az örök élet! M.15.33. Harcoljon azért, hogy Isten akaratának új megtestesítőjévé válhasson! Addig nem szabadulhat az örökbüntetésből és addig nem juttat jövőt számára az Úr, amíg többé válásával nem segíti az Urat! Mert az Úr, elrendelte: Várakozom a bűn uralma alatt lévő emberre, de csak azt az embert fogadom örökbe a bűnösök közül, aki életével az Urat segíti!

16.

M.16.1. Lásd tisztán, Isten a bűneitől megtisztult, tisztességes léleknek nyilatkozhat meg és fogadhatja örökbe! Aki bölcs, az nem késlekedik és megváltoztatja sorsát! Az ember, abban az időben változtathat sorsán, mikor tisztességesen él és viselkedik! És abban az időben, meg fog nyilatkozni számára Isten! M.16.2. És Isten, megnyilatkozik a megtisztult, tisztességes embernek az élet erejével: Téged, az örök élet örökbe fogad! Tisztán láttam, hogy mindig kizárólag Istenhez tartozva éltél az emberek között! És azt a lelket, aki hozzám tartozik, elrejtem Isten élőhelyén! De az nem térhet meg hozzám, aki nem változtatta meg életével sorsát! És ezért, csak magát hibáztathatja! Annak, azon életének idején változhat meg sorsa, mikor életével bizonyítja az Isteni hatalom létezését! És akinek Isten jelen van életében, az megtérhet Isten élőhelyére! Akinél pedig nincs jelen, az csak magát hibáztathatja! M.16.3. Lásd tisztán, az élet ítéletét: Aki kizárólag Istenhez tartozik, ahhoz fog megtérni Isten! Isten türelemmel várja, hogy az Istentől elszakadt lélek odáig tudjon fejlődni, hogy megújíthassa kapcsolatát Istennel! De amíg akaratosan él, addig nem újíthatja meg kapcsolatát Istennel! M.16.4. Az a lélek, aki elrejti igazi énjét, változzon meg, mert megtisztulva tartozhat kizárólag Istenhez, és úgy hozhatja létre a kapcsolatot, Istennel! És az így többé vált lélek, maradjon is hűséges tisztaságához! A bűn uralma alól az ember, vágyain uralkodva juthat el a tiszta életbe! És azt a lelket, aki uralkodni tud vágyain és megtisztult, megerősíti és szabaddá teszi Isten! Azok a lelkek, akik megtisztulnak a bűn uralmától, kizárólag Isten élőhelyéhez tartozhatnak! Mert azok az emberek élhetnek az élet erejével és tartozhatnak Isten élőhelyéhez, akik bűneiktől megtisztultak és megváltoznak! M.16.5. Azokat életük eredményeként összegyűjtöm és örökbe fogadom, mert Istennel együtt harcoltak! Akik az Istentől elszakadt lelkek közül, megértették a tökéletességet és bölcsen megújították kapcsolatuk Istennek, azok megszerezhetik az élet erejét és befejeződhet büntetésük! Mert aki tökéletessé válik az emberek között, azzal megújítja kapcsolatát Isten! De az akaratos ember, csak Isten ítéletére számíthat! M.16.6. Isten tisztán látja, hogy az Istentől elszakadt emberek közül, kivel újítsa meg a kapcsolatot! Isten türelemmel várja, hogy az ember megújítsa vele kapcsolatát! És aki az emberek közül kitűnik békés életével, annak sikerül megváltoztatni kapcsolatát Istennel! És annak a léleknek, azon életének idején befejeződik büntetése az emberek között!

M.16.7. A bölcs lélek, nem késlekedik bizonyságot tenni arról, hogy megértette a tökéletesség utasítását, hogy tisztességessé válva teheti eredményessé életét és szerezheti meg az élet erejét! Mert azokat a lelkeket, akik Istennel békében élnek, életük eredményeként összegyűjti

Isten az engedetlen és tisztátalan szellemek börtönéből, hogy eggyé váljanak az élet erejével! M.16.8. Előre nem látható a fordulat, mikor eltávolodsz a bűntől! De azt a cselekedeted, dicsőíti az Úr! És akkor, megnyilatkozik Isten: M.16.9. Tisztán látom életed eredményét, ezért megújítom veled kapcsolatom! De azt a fordulatot, hogy az ember mikor válik tisztességessé, Isten sem látja előre! Az Istentől elszakadt lélek, tisztulásával hozza létre életében a fordulatot és bűntelenné válásával újítja meg kapcsolatát Istennel, és jut hozzá az élet erejéhez! M.16.10. És az a fordulat sem látható előre, hogy a lélek mikor távolodik el a tisztaságtól az élet erejétől! Amíg bizonyságot tesz arról a lélek, hogy tisztességes, addig életének eredményeként, élettel telítődhet! Isten és az ember közötti kapcsolat megváltozik bűntelenné válásával és akkor is, mikor eltávolodik a bűn felé! Hatalmam értesül arról, hogy ki válik bűnössé és az nem juthat el, az élettelenektől! M.16.11. Isten tisztán látja, hogy kivel újítja meg a kapcsolatot az emberek közül, hogy kihez juthat el az élet ereje! Türelemmel várja, hogy az Istentől elszakadt lélek megújítsa kapcsolatát, Istennel! És akinek az emberek közül alkalmazni tudja Isten élőhelye cselekedetét, mert megváltoztatta a kapcsolatot, Isten és az emberek között, az élhet az élet erejével! Türelemmel várja Isten, hogy az Istentől elszakadt lélek legyőzze önmagát és békés életével kitűnve, megújítsa a kapcsolatot az emberek és Isten között! M.16.12. Az ember, cselekedetivel vállalhat áldozatot és érheti el,

hogy élettel telítődjön! A tisztességgel van
lehetősége a léleknek arra, hogy beteljesíthesse
boldogulását, hogy megszerezhesse az életerőt!
Aki a bűn uralma alatt lévők közül bölcs, az
tisztességessé válva, ezeket hatalmamtól
megszerezheti! És aki nem válik így tökéletessé,
annak élete a mulandóság eszközévé válik és
megsemmisül! Ahogy él az ember, azáltal fog
megtestesülni Isten akarata, sorsában! Mert
akihez hozzárendeli életét az ember, az irányítja
majd sorsát! M.16.13. Mert cselekedeteiddel
dicsőíted és nyilatkozol meg az Úrnak! És Isten,
ítéletével megtestesíti akaratát sorsodban! A
tisztességessé vált lélek sorsában, úgy testesül
meg Isten akarata, hogy elrejti a világi élet elől,
Isten élőhelyére! És aki nem érti meg Istent és
nem változtat bűnös életén, az csak magát
hibáztathatja azért, ha nem vált tökéletessé, ha
nincs jelen életében Isten, és ha nem változott
meg sorsa! M.16.14. Isten élőhelye türelemmel
várja, hogy ítéletével eljuttathassa hozzád az élet
erejét! Ha késlekedsz, és nem szerzed meg, azért
csak magadat hibáztathatod! Aki ráébred
kimagasló Isteni megbízatására és legyőzi
önmagát, az birtokolhatja a dicsőséget Isten
élőhelyéről és eljuthat, az engedetlen és
tisztátalan szellemek börtönéből a lehúzó erőből!
És akinek ítéletemmel nem juttatok az élet
erejéből, az a lélek, csak magát hibáztathatja!

M.16.15. Mert elrendeltem: Ahhoz, hogy az
Istentől elszakadt lélek meg tudja újítani
kapcsolatát Istennel, le kell győznie önmagát és
az emberek közül ki kell tűnnie életének

eredményével! Azok szerezhetik meg az életerőt az emberek közül, akiknek élete és sorsa, az életerőhöz tartozik! Aki tesz azért, hogy rendeltetését teljesítse, az a kellő pillanatban hozzájuthat az életerőhöz! És aki nem, az csak magát hibáztathatja! Az örökkévaló türelemmel várja, hogy az a lélek is megtegyen mindent az életerőért, aki most hibáztatja magát! M.16.16. Aki az emberek közül, ilyen formában változtatja meg kapcsolatát Istennel, az el is juthat hozzá! De azért, hogy kizárólag Istenhez tartozz, hogy Isten örökbe fogadjon, meg is kell harcolnod! A bűnös, megszegi Isten utasításait, mert nem alakítja át bűnös életét! És ezért, nem is tartozhat hozzá! De aki az Istentől elszakadtak közül meg teszi, amire utasítja Isten, ahhoz eljuttatja kitűntjeivel az életerőt! Akik ilyen formában élnek és békések, azokat összegyűjti Isten az engedetlen és tisztátalan szellemek börtönéből, hogy vele éljenek! És akik a bűn irányítása alatt maradnak, azoknak ott is kell élniük! M.16.17. Akik még nem váltak többé, azoknak életüket jelentősen át kell alakítaniuk ahhoz, hogy összegyűjtse őket Isten arra, hogy vele éljenek! Abban az időben tartozhatnak és térhetnek meg Istenhez, mikor békés életükkel, meg tudják változtatni kapcsolatuk az emberekkel és Istennel! Mert Isten élőhelye a tökéletessé vált emberek cselekedetét tudja alkalmazni arra, hogy más lelkek is megtérhessenek hozzá, hogy befejeződjön büntetésük! Azok válnak tökéletessé, akik kitűnnek békés életükkel és megváltoztatják kapcsolatuk Istennel! És azokat összegyűjti Isten, mert vele együtt harcolnak!

M.16.18. Annak a léleknek, aki késlekedik tisztességesen élni, később teljesedhet be boldogulása, később fejeződhet be büntetése és később is térhet meg hozzám! Türelemmel várja Isten, hogy megváltoztasd kapcsolatod az emberekkel és vele, mert akkor szerezheted meg, életed eredményeként az örökkévaló élet erejét! Ezért ne az örökkévalót hibáztasd, ha nem teljesedik be boldogulásod, ha nem jutsz életerőhöz, mert az örökkévaló, hatalmával mindezeket neked rendelte! M.16.19. Ha önmagad legyőzöd és becsületesen élsz, akkor az Úr, ítéletével neked juttatja az életerőt! És így juthatsz el, hozzá is! Aki el akar különülni a bűnösöktől Isten számára, mint örökbefogadottja az így harcoljon együtt Istennel! M.16.20. Ne késlekedj, tegyél meg mindent azért, hogy kizárólag Istenhez tartozhass! Mert csak azokat gyűjti össze Isten, akik békességgel élnek és hozzá tartoznak! És csak azoknak a lelkeknek teljesedhet be boldogulásuk, akik életükkel meg tudják változtatni a kapcsolatuk az emberekkel, és Istennel! A lélek, élete eredményeként jut hat el, Istenhez!

M.16.21. Tisztán látom, hogy ki erősíti élete eredményével, Isten élőhelyét! És ahhoz a bölcshöz, aki életével bizonyságot tesz arról, hogy Istennel együtt harcol, eljuttatom Isten kitűntjeit! És akihez eljutnak Isten kitűntjei, azt Isten élőhelyének hatalma, örökbe fogadja! De aki nem alakítja át bűnös életét és helytelenül él, az megszegi Isten utasításait! És ahhoz, élete eredményeként nem jutnak el Isten kitűntjei, mert elszakadt Istentől! Isten kitűntjeit jellemzi, hogy életük eredményével növelni tudták az életerő helyének erejét! Amíg késlekedik megtisztulni az ember bűneitől és nem ismeri el hatalmam, addig az élettelenek közé tartozik! Arról a lélekről viszont, aki tökéletessé válik, értesül hatalmam! M.16.22. A tiszta lelket, élete eredményeként eljuttatják Isten kitűntjei, Istenhez! És aki helytelenül él, az élete eredményeként a nyomorúságos, világi életbe indulhat útnak! Mert a bűntelenek az élet hatalmához, a bűnösök pedig az élettelenek hatalmához tartoznak! M.16.23. Lásd tisztán: Aki késlekedik cselekedeteivel és békés életével dicsőíteni az Urat, az később térhet meg az örök életbe! Mert Isten kinyilatkozta: Abban az időben, mikor vállalod, hogy Isten élőhelyéért bűntelenné változol, egybegyűjtlek az örökbüntetés helyéről azokhoz, akik Istenhez tartoznak! Mert aki cselekedetei eredményeként bizonyítja, hogy kizárólag Istenhez tartozik, annak az Isteni hatalom is bizonyítja létezését, és elkülöníti azokhoz, akiket magához enged! M.16.24. Ember, tisztítsd meg életed a bűn uralmától, mert csak az a lélek tartozhat kizárólag Istenhez, aki megtisztul bűneitől! Ahhoz, hogy Isten élőhelyéhez tartozhass, olyan változásokon kell át menned, ami által kitűnik bűntelenséged! Mert lelked, a bűntelenné válás hatalmával hozhatja létre és újíthatja meg kapcsolatát, Istennel! És aki tökéletességével kitűnik az emberek közül, ahhoz a lélekhez,

hozzá rendelem az élet erejét! Aki az emberek
közül meg tudja újítani a kapcsolatot Istennel, az
ítéletével meg is térhet hozzá! És az a lélek, aki
az emberek és Isten közötti kapcsolatot így meg
tudja változtatni, az befejezheti büntetését,
ítéletemmel! M.16.25. Mert elrendeltem az
Istentől elszakadt lelkeknek, hogy újítsák meg
kapcsolatuk Istennel! Az ember, életén keresztül
újíthatja meg kapcsolatát Istennel! Mikor
bűntelenül él az ember, akkor megtestesíti Isten
akaratát sorsában és beteljesíti boldogulását!
M.16.26. A tiszta lélek, aki eltávolodik a bűn
uralmától, az élete eredményeként eljuthat
hozzám, mert hozzám tartozik! Az embernek,
ahhoz meg kell tisztítania életét a bűn uralmától,
hogy megtérhessen hozzám! Ne késlekedj a
megtisztulással, mert csak a megtisztult léleknek
tárulhat fel az Úr jelenlétének titka!

M.16.27. Türelemmel várja Isten, hogy az
Istentől elszakadt lélek, megújítsa vele
kapcsolatát! Az Istentől elszakadt léleknek, élete
eredményétől függ, hogy meg változik-e
kapcsolata Istennel! Mert azon életének idején,
mikor az ember kizárólag Istenhez tartozik,
bejuttatom testébe az életerőt! És akibe
bejuttattam, annak befejeződik büntetése az
emberek között! Az juthat hozzá az életerőhöz a
bűn uralma alatt lévő emberek közül, akinek
életét, eredményesnek ítélem! És akinek a bűn

uralma alatt lévő emberek közül, eredménytelennek ítélem életét, annak a lelkének az újjászületést, testének pedig a rothadást ígérem! Ez az Úr jelenlétének titka! M.16.28. Mert ítéletemmel, csak a bűntelen tartozhat hozzám! A bűn uralmától, meg kell tisztulnia az embernek ahhoz, hogy örökké élhessen! És azoknak a lelkeknek, akik késlekednek megtisztulni bűneiktől, az örökbüntetés helyére kell megtérnie! Így azok nem élhetnek az Úrral, mert nem ismerik fel, hogy miben van jelenlétének titka! M.16.29. Az a lélek, aki önmagát legyőzve többé válik és harcol az élet ésszerű állapotáért az Isten akaratának új megtestesítője! És aki Isten akaratát megtestesíti, az soha el nem múlik, mert rendelkezhet az élet erejével! Az a lélek, jelentős átalakulásával, Isten élőművét végzi! De életének átalakítása gyötrelmekkel jár, míg teljesen meg nem újul! És aki nem fejezi be megújulását, annak az engedetlen és tisztátalan szellemek börtönében kell élnie! Vannak, akik már régóta ott vannak és vannak, akik nem régóta, de mindazok számára, idegen az életerő! M.16.30. Az embernek, életének idején kell erkölcsileg jobbá és többé válva megváltoztatni kapcsolatát Istennel, hogy Isten kitűntjei, eljuttathassák hozzá az életerőt! Mert erkölcsösséggel és tisztességgel válhat jobbá, az Istentől elszakadt lélek! És te is, azok által válhatsz többé! M.16.31. Ünnep lesz életének ideje annak, aki így harcol az élet ésszerű állapotáért! Mert az a lélek, soha el nem múlik! És aki nem így harcol, annak nem lesz ünnep életének ideje, mert az a lélek, gyötrelmeket okoz magának! M.16.32. Aki az emberek közül meg tudja változtatni kapcsolatát Istennel és kizárólag Istenhez tud tartozni, annak befejeződik büntetése! Azt az embert, Isten elkülöníti! Az Úr felel azért, aki betartja utasításait, az kizárólag hozzá tartozhat! Mert aki az emberek közül a bűntelenekhez tartozik, az Isten élőhelyéhez tartozhat! És aki az Úrhoz tartozik, ahhoz hozzárendeli az örök életet! M.16.33. Aki az emberek közül meg tudja változtatni kapcsolatát Istennel és kizárólag Istenhez tud tartozni, annak befejeződik büntetése! Akik kizárólag Istenhez tartoznak, azokat összegyűjti Isten, hogy békében éljenek! És aki az emberek közül megváltoztatja kapcsolatát Istennel, annak azon felül, hogy beteljesíti boldogulását Isten, még a büntetésének is véget vet! De ahhoz, hogy szövetséget kössön veled az Úr, bűntelenül és kizárólag Istenhez tartozva kell élned! Ahhoz, hogy befejeződhessen büntetésed, azzal kell ki tűnnöd, hogy megváltoztatod kapcsolatod az emberekkel és Istennel!

M.16.34. Annak a léleknek, aki a világ rendjében meg tudja változtatni kapcsolatát az emberekkel és Istennel, és többé válásával harcol az élet ésszerű állapotáért, rendelkezésére állhat az élet ereje és Istennel élhet! És aki Istennel él, az a lélek soha el nem múlik! Utasítom az Istentől elszakadt lelket: Az életed idejéül adott pillanatban tisztulj meg és válj tisztességessé, mert úgy harcolhatsz az élet erejéért és úgy fogadhatlak örökbe, Isten kitűntjei közé!

17.

M.17.1. Mert a megtisztult, tisztességes lelken keresztül, újra megnyilatkozhat Isten, az élet erejével! M.17.2. Isten tisztán látja: Ki fogadta őt örökbe, ki harcolt meg érte és kinek nyilatkozhat meg az élet erejével! És annak, aki Isten utasítására tisztességesen él és cselekszik, kitűntjeivel eljuttatja az élet erejét! M.17.3. Türelemmel várja Isten azokat, akik életük idején békességgel és ártatlansággal élve harcolnak az örökbüntetés ereje ellen, mert azok megértették a tökéletességet! És akik legyőzik bűnös életük, azoknak az Úr, jelenlétének és az életnek titkát, felfedi! Mert azt az embert, aki legyőzi önmaga bűneit, közel engedi az Úr, jelenlétének és az élet titkának megismeréséhez! M.17.4. De aki nem él békében azt nem juttatja el Isten, az engedetlen és tisztátalan szellemek börtönéből és nem gyűjti egybe azokkal az emberekkel, akik megújították kapcsolatuk, Istennel! Aki az emberek közül, életével és viselkedésével terjeszti, hogy tisztességesen és békességgel kell élni, az élhet az élet erejével! Mert rendeltetése az embernek, hogy tisztességesen éljen! Istennek pedig az rendeltetése, hogy elbírálja a lelkeket! És aki kitűnik tisztaságával, azt felhatalmazza az Úr, hogy terjessze az emberek között: Az életerőért és azért, hogy az örökkévalóságban élhessetek, hozzám hasonlóan, életetekkel harcolhattok meg! M.17.5. A bűntelen ember újíthatja meg kapcsolatát Istennel, harcolhat együtt Istennel és juthat hozzá az életerőhöz! És aki meg tudja újítani a kapcsolatát az emberekkel és Istennel, azt Isten örökbe fogadja és hozzájuttatja a szabad élethez! Aki bűntelenül, tisztességesen és békességgel tud élni az engedetlen és tisztátalan szellemek börtönében, az élete eredményeként, eggyé válhat Istennel! Mert akinek elismeri Isten, hogy élete eredményeként meg tudta újítani a kapcsolatát az emberekkel és Istennel, az kizárólag Istenhez tartozhat! Az embernek, akkor eredményes élete, ha tisztességessé tudott válni és meg tudta újítani kapcsolatát az emberekkel és Istennel! M.17.6. A tisztességgel juthat hozzá az életerőhöz, tartozhat kizárólag Istenhez és teljesítheti be boldogulását az ember! Azon életének idején, mikor az engedetlen és tisztátalan szellemek börtönében, békességgel tud élni, egyé válhat Istennel! Aki Isten rendeltetése szerint bűntelenül, tisztességesen él és cselekszik, az megújíthatja kapcsolatát Istennel! És annak életében és sorsában, megtestesíti Isten, akaratával a jót!

M.17.7. De aki az emberek közül bűnbe sodródik, azzal nem újítja meg kapcsolatát Isten! Azzal az emberrel, aki a buja érzékeknek kedvez, nem újítja meg kapcsolatát Isten, mert az ártalmas a szellemi élet számára! Az embernek azzal kell ki tűnnie és jelentőssé válnia, hogy bűntelenné válásával megharcol az élet ésszerű állapotáért! És aki így kitűnik, és többé tudja változtatni az életet, az a lélek soha el nem múlik, mert az hozzájuthat az élet erejéhez!

M.17.8. Az élet erejével élhet az is, aki Istennel együtt harcol a békés életért! Élj bölcsen és újítsd meg kapcsolatod Istennel, mert így harcolhatsz meg az örökkévalóságban lévő helyért! De amíg az ember számára idegen Isten, addig nem újíthatja meg kapcsolatát, Istennel! Az embernek, ahhoz tökéletessé kell válnia, hogy megújíthassa kapcsolatát Istennel, hogy az élet erejével élhessen! Ez, Isten ítélete az ember számára! M.17.9. És aki nem él békességgel az nem válhat egyé Istennel, és nem juthat el az engedetlen és tisztátalan szellemek börtönéből! Az ember, a tisztaság és tisztesség hatalmával szüntetheti meg életében a rosszat! Azzal hozhatja létre a kapcsolatot Istennel és harcolhat meg, az örökkévalóságban lévő helyért! Akik az emberek közül, Isten kitűntjeivé tudtak válni, ők is ehhez hasonlóan cselekedtek! M.17.10. Életük idején, békességgel élve harcoltak együtt Istennel az engedetlen és tisztátalan szellemek börtönét uraló erők ellen azért, hogy az örökkévalóságban élhessenek! Mert Isten kitűntjeit is az jellemezte, hogy ott éltek a bűn uralma alatt lévő emberek között, az Úr számára idegenként, míg cselekedetükkel és életükkel meg nem harcoltak az élet erejéért! Mikor bűntelen életükkel erősítették az élet erejét, akkor kiterjesztette rájuk az Úr gondoskodását és vele élhettek! Annak az embernek, gondoskodik az örökkévalóságban lévő helyéről az Úr, aki megtartja utasítását és kitűnik a tiszta életért folytatott harcával! M.17.11. Mert a bűn uralma alatt lévő ember is élhet örökké, élhet Istennel az élet erejével és beteljesedhet boldogulása is, ha többé válásával meg tudja változtatni a kapcsolatot az emberek és Isten között! Aki Isten és az emberek közötti kapcsolatot meg tudja változtatni életével és cselekedeteivel, az elfogadhatja az életerőt, mert azzal többé válik Isten az élet ereje! És aki így él, az eljuthat Istenhez az örök élet helyére! M.17.12. Azért harcolj együtt Istennel, hogy örökbe fogadhasd az élet erejét! Mert aki bölcsen megharcol az örökkévalóságban lévő helyért, az élhet az életet adó erővel! És aki ettől idegenkedik, az nem élhet az életerővel! Mert a bűn alatt lévőket, nem éltetheti az életerő! M.17.13. Aki életének idején harcol azért, hogy Isten örökbe fogadja, az harcol az örökkévalóságban lévő helyért is! És aki az idegenkedők közül ezt eléri, az megharcolt az örökkévalóságban lévő helyéért! A hitetlenek között lévő, tiszta életével harcoljon a hitetlenség ellen! Mert elrendeltem: Aki terjeszti a tisztaságot, azt életerővel éltetem és elrejtem a világi élet elől!

M.17.14. Mert Isten kitűntjei is a bűn uralma alatt lévő emberek közül váltak többé, mikor elfogadták, hogy Isten az élet, az élet ereje! Akikre jellemező a bűn uralma alatt lévő emberek közül, hogy Istenért életüket jelentősen átalakították, azokat harcukért örökbe fogadja és élteti Isten az élet ereje! De az nem élhet az élet erejével és nem válhat Isten kitűntjévé, akit a bűn uralma éltet az emberek közül! Azt élteteti Isten az életerővel, aki életében a rosszat megszünteti! M.17.15. És aki életének idején bűntelenül él, annak megváltoztatja sorsát! Az ember választja meg, hogy hitetlenként a hitetlenség erejét élteti vagy bűneitől megtisztul, és a tiszta lelkek erejét növeli! Ahhoz, hogy az örökbüntetés helyén régóta ott lévő lelkeknek befejeződjön büntetésük, szükséges, hogy bűnösből többé váljanak, megtisztulásukkal és becsületes életükkel! És aki ettől idegenkedik és késlekedik, annak szükséges, hogy az örökbüntetés helyén maradjon! M.17.16. Ahhoz, hogy a bűn uralma alatt lévő ember a tiszta lelkekhez tartozhasson, életének idején kell megváltoznia! Mert addig nem juthat el az örökbüntetés helyéről, míg nem tisztul meg bűneitől! Amíg bűneinek ereje hatással van az ember életére és környezetére, addig a bűn uralma alatt kell élnie!

18.

M.18.1. Ahhoz, hogy számodra Isten az élet ereje, újra megnyilatkozhasson, meg kell tisztulnod és tisztességesen kell élned! M.18.2. Annak nyilatkozik meg Isten és az fogadhatja örökbe az élet erejét, aki tisztességesen élve harcol együtt Istennel! Ha te is így élsz, akkor örökké élsz! M.18.4. Ha az életed idejéül adott pillanatban, nem teszel meg mindent az élet erejéért, akkor az örökbüntetés helye, a világi élet, mindent meg fog tenni azért, hogy jelentéktelen maradj az élet ereje számára! Azzal, hogy nem teszel meg mindent a rendelkezésedre álló pillanatban, a világi élethez vagy hűséges! Ember, ne harcolj rendeltetésed ellen! Életeddel és cselekedeteiddel harcolj a tisztességért, az élet ésszerű állapotáért! A tisztesség juttat hozzá az élet erejéhez, és az által teszel meg mindent az élet erejéért! M.18.5. Tisztességes életed eredményeként az örök élettel, Istennel élhetsz! Ez, az örök élet törvénye! Az embernek, időben meg kell tennie mindent azért, amit meghatározott életére az örökkévaló: Azért harcolj, hogy tisztességessé válj! M.18.6. Amíg a jelentéktelenségektől nem kerülsz nagyon nagy távolságra és életed nem alakítod át jelentősen, addig jelentéktelen marad életerőd! Élj tisztességesen és megszabadulsz a bűntől! Istennek van joga arra, hogy élőhelyére az örök életbe elrejtse azt, aki tisztességesen él!

És aki nem él rendeltetése szerint, azt szégyelli Isten! M.18.7. Ha nem élsz békességgel, nem élhetsz az örök élettel és nem rejtőzhetsz el Isten élőhelyén, mert szégyenletes életed, az Úr előtt! Mert szégyenletes annak élete, aki nem él békességgel! És akinek élete szégyenletes, azt nem rejti el Isten, élőhelyére! M.18.8. A szégyenletes lélek, nem élhet örökké és nem rejtőzhet el, Isten élőhelyén! Mert akinek élete szégyellni való, az nem élhet örökké! M.18.9. Ha igazként imádod Istent és békében élsz, akkor örökké élhetsz! Ha pedig életed szégyellni való, akkor nem élsz igazként és nem imádod Istent! Szándékozz békességgel élni és igazként imádni Istent, hogy szövetségesévé válhass és megérkezhess hozzá! Szándékozd többé változtatni szégyenletes életed, hogy közel kerülhess az örök élethez, hogy megérkezhess Isten élőhelyére! Különben nem rejtőzhetsz el az örökbüntetés erői elől! M.18.10. Aki igazként imádja Istent, az örökbe fogadja az életet! És aki nem imádja igazként Istent, az örökbe fogadja a szégyent! Akiknek szégyellni való életük eredménye, azok szégyenletesek az igaz Isten imádói előtt, és azok nem rejtőzhetnek el, Isten élőhelyén!

M.18.11. A te életed szégyenletes, vagy igazként imádod Istent? Mert azzal a lélekkel, aki igazként imádja Istent, szövetséget köt az örökkévaló! És akinek szégyenletes élete azt nem rejti el Isten, élőhelyén! Az örökkévalóval, jövőd nem lesz szégyenletes! M.18.12. Isten az örökkévaló, szövetséget köt azzal, aki nem él szégyenletesen, aki igazként imádja! De azt nem rejti el Isten, élőhelyére és nem élhet örökké, aki nem él tisztességesen! Az Úrnak van joga ahhoz, hogy életerőhöz juttassa azt, aki megvált bűneitől! M.18.13. Élj igazként, békességgel, Isten szövetségeseként! Mert amíg a szégyenletes életet imádod, addig nem rejthet el Isten és nem élhetsz élőhelyén! Az Úrnak van joga ahhoz, hogy megváltsa bűneitől azt, aki békésen és tisztességesen él! És aki így él, azt életerővel erősíti! M.18.14. Azt te döntöd el, hogy az örök életet fogadod örökbe vagy a szégyenteljes élettel kötsz szövetséget! Amíg a jelentéktelen élettől, olyan nagyon nagy távolságra nem kerülsz, ahogy elrendelte Isten, addig lelked nem rejtőzhet el, élőhelyén! Élj igazként, Isten imádójaként, hogy az élet eredetének és folytonosságának ura, szövetségesévé fogadhasson! M.18.15. Amíg szégyellni való életed, addig nem élhetsz békességgel és nem rejtőzhetsz el, Isten élőhelyén! Akit az Úr örökbe fogad, azt rejti el élőhelyén! De a szégyenteljes lélek, nem élhet Istennel! M.18.16. És aki szövetséget köt a szégyenletes lélekkel, az örökbe fogadja a szégyent! És azok az örökbefogadottak és szövetségesek, nem rejtőzhetnek el, Isten élőhelyén! M.18.17. Akinek szégyellni való élete az meghatározhatatlan marad az Úr számára és az nem rejtőzhet el, Isten élőhelyén! De mikor az Urat segíti életével és igazként imádja Istent, akkor az Úr, örökbe fogadja! Mert az igazakat az Úr is imádja! A bűntelenné váltak válhatnak igazzá és azokat imádja Isten! És akik nem válnak bűntelenné, azok nem is imádják igazként, Istent! Akinek szégyellni való élete, annak is rendeltetése, hogy tisztességesen éljen, mert csak úgy juthat hozzá az életerőhöz és rejtőzhet el, Isten élőhelyén! A buja életűeknek is meg kell szabadulni bűneiktől, mert csak úgy lehet joguk az élet erejére! M.18.18. De azzal a lélekkel, aki nem alakítja át jelentősen életét és nem válik igazzá, nem köt szövetséget Isten! Aki szemben áll az Úrral és nem válik többé, az ne számítson az Úr imádatára! Mert az, csak az újjászületés ígéretét szerezheti meg! Aki életének idején, nem az Úr rendeltetése szerint él, azt szégyelli Isten! És aki az újjászületés ígéretét szerezte meg, azt nem rejti el Isten, élőhelyén! M.18.19. Az a jelentéktelen, aki nem segíti az Urat, az nagyon nagy távolságra van attól, hogy Isten akaratának új megtestesítőjévé váljon! Azt a szégyentelent, nem Isten fogja elrejteni élőhelyére, hanem az örökbüntetés ereje a bűnösök közé!

M.18.20. Mert a bűnös lélek, nincs az Úr segítségére, ezért nem is köt vele az Úr szövetséget! A beszennyezett lélek, nem állhat összeköttetésben az Úrral, és nem is juthat el hozzá! M.18.21. Amíg az ember, életével nem bizonyítja az Isteni hatalom létezését, addig nem újíthatja meg kapcsolatát Istennel! Amíg nem él rendeltetésének megfelelően, tisztességesen, addig nem méltó a követésre! Azt nem különíti el Isten az örök élet számára, aki jövőjét, nem

Istennel alakítja! M.18.22. Az Úr várja, hogy a bűn uralma alatt lévő ember, életével az élet erejét segítse! Mert abban a pillanatban fogadhatja örökbe az Úr, a bűn uralma alól az embert, amint várakozásának megfelelően él! De addig nem, amíg rosszul él! M.18.23. A beszennyezett lelkek közül az állhat összeköttetésben az Úrral, akire jellemző, hogy élete jelentős átalakításával, segíti az Urat! Amíg az ember bűnökbe merül, addig nem válhat Isten ígéretévé, mert a bűn uralma alatt lévő lélek, nem hűséges Istenhez! És aki nem inog meg életének ideje alatt és hűséges az Úrhoz, az a lélek, örökké élhet! M.18.24. Amíg beszennyezi magát a lélek, addig nem harcolhat az örökkévalóságban lévő helyért! Ahhoz a beszennyezett léleknek, bűntelenné és Isten követőjévé kell válnia! És azokat a lelkeket, akik így élnek, eljuttatják Isten kitűntjei az örök életbe! M.18.25. A beszennyezett lélekkel, a világi élet válik többé! De az Úr, próbára teszi a lelkeket, és akinek élete nincs összhangban Istennel, azt a világi élethez rendeli! És aki az Úrral van, arra nagy erővel árasztja erejét! M.18.26. A cél, amiért létrehoztam az embert, hogy örökké éljen! De azért meg is kell harcolnia! Mert elhatároztam: Aki az örökkévalóságban lévő helyért harcol, annak rossz életét jelentősen megváltoztatom! És aki nem teszi meg, amire utasítom, annak még sokáig az engedetlen és tisztátalan szellemek börtönében kell élnie, mert az idegen marad számomra! M.18.27. (És aki Isten kitűntjeivel rosszat tesz, annak elrendelem, hogy a világi életben éljen! Mert azokkal a lelkekkel, akik bűnbe merülnek, a világi élet válik többé!) M.18.28. Aki életének idején beszennyezi magát, az a világi élet erejét árasztja! És arra nem áradhat ki a jelentős erő! De aki az életének idejéül adott pillanatban kitűnik közülük életével, arra a lélekre nagy erővel áradhat az erő! M.18.29. Mert aki Isten kitűntjeivel rosszat tesz, azt megszünteti Isten az emberek közül! És így tesz mindazokkal az Úr, akik kitűntjei közül rosszat tesznek! Mert aki megharcolt kitűnté válásáért és az örökkévalóságban lévő helyért, az nem tehet rosszat! M.18.30. Életeddel nyilatkozol meg Istennek és harcolsz meg, az örök életért! Életeddel és cselekedeteiddel harcolj meg rossz szokásaid ellen, hogy az Úr, jelen lehessen életedben! De annak a léleknek nincs jelen életében az Úr, aki nem utasítása szerint él és cselekszik! Mert Isten kinyilatkozta: A beszennyezett lélek, élete eredményeként nem élhet örökké, csak aki tisztességesen él!

M.19.1. Isten az élet ereje, a megtisztult és tisztességes lelken keresztül nyilatkozhat meg, újra! M.19.2. Mert megnyilatkozik annak Isten, aki Istennel együtt harcol, mint örökbe fogadottja: Veled többé válik Isten, mert tisztességesen élsz! És aki tökéletes, az kizárólag az élet erejéhez tartozhat! Mert azokat gyűjti össze Isten, akik életükkel, kizárólag az örök élethez tartozhatnak! M.19.3. Aki az Úrral és az emberekkel, békességben él azt Isten nagyrabecsülésével, kitűntjévé és az örök életbe fogadja! Az lesz életed idejének ünnepe, mikor

megharcolsz az örök életért! Mikor
tisztességesen élsz, élhetsz az örök élettel!
M.19.4. De az a lélek nem fogadhatja el az örök
életet, aki nem tisztul meg bűneitől! Élj és
cselekedj tisztességesen, hogy lelked eljuthasson
az élettelenül élőktől, az örök életbe! M.19.5. Az
tudja időben megújítani a kapcsolatát az emberek
közül Istennel és az juthat hozzá az élet erejéhez,
akinél elismeri Isten, hogy tisztességesen él! A jó
embernek ígéri Isten, hogy megújítja vele
kapcsolatát az élet ereje! Ember, te is újítsd meg
kapcsolatod az élet erejével! M.19.6. Élj bölcsen,
erkölcsösen és megújul kapcsolatod, Istennel!
Aki így él, annak ítéletemmel megállítom
életének idejét! Mert megítélem az ember
életének idejét! M.19.7. Életed idején,
erkölcsösen élve tűnhetsz ki az ismeretlenségből!
Hogy ne az időtől függjön életed, időben kell a
benned lévő rosszat, jóvá alakítanod! M.19.8.
Amíg az ember, bűnös életének erejével
megrontja a környezetében élő emberek életét,
addig nem lehet hatással életére az Úr, és nem is
viheti magával élőhelyére! A tisztességeseket
különítheti el uralmával a beszennyezettektől!
Az emberek közül az tűnik ki Isten számára, aki
megharcol az örökkévalóságban lévő helyért
úgy, hogy magában a rosszat megszünteti! Te
hasonló vagy ehhez? M.19.9. Az ember, élete
eredményeként kerül az örökbüntetés helyére, a
világi életbe! Abban az időben kerültél te is oda,
mikor nem cselekedtél helyesen! És az embert,
bűntelen cselekedeteinek eredménye juttatja el az
örökbüntetés helyéről! A bűntelennek
megváltoztatja sorsát Isten és eljutja

jókívánságával, a szabadság határára! Mert a bűnteleneket gyűjti Isten, élőhelyére! Ha te nem vagy bűntelen, nem kerülhetsz az életerő helyére! M.19.10. Mert ígéri Isten: A bűntelen lelkeket, elválasztom a bűnösöktől az örökbüntetés helyéről, hogy megváltoztassam sorsukat és előkészítsem üdvösségük! De akik idegenkednek a tisztességes élettől, azoknak nem készítem elő üdvösségük és életük eredményeként, nem térhetnek meg Isten élőhelyére! Élj úgy, hogy örökké élhess! M.19.11. De az Urat nem vezetheted tévútra és nem élhetsz Isten hatalmának jelével, ha jelentőssé nem változtatod, bűnös életed! Mert aki megbízhatatlan az nem lehet az Úr szövetségese!

M.19.12. Mikor tanúságtételre hív az örökkévaló és te helytelenül cselekedve beszennyezed életed, akkor nem rendelheti hozzád az életerőt! Ha pedig tisztességesen élsz, akkor hozzád rendeli az örök életet! M.19.13. Amíg nem vagy bűntelen, addig nem vagy szövetségesem! Nem kényszeríthetlek, hogy ne idegenkedj Istentől, de akkor világosodhatsz meg szellemileg és ismerheted meg Istent, mikor kész vagy rendeltetésemnek eleget tenni és élő művemmé válsz a világi életben! Amíg nem állsz rendelkezésemre, addig nem állíthatom meg életed idejét! Mert a jót elismerem, és a gonoszt megbüntetem! M.19.14. Téved, aki nem hisz az üdvösségben és nem dicsőíti az Urat! És akinek cselekedeteit értéktelennek nyilvánítja Isten, annak örökbüntetésben kell élnie! Mert annak a léleknek nem helyes Isten iránti magatartása, aki nem él tisztességesen! És az nem élhet, az örök élettel! M.19.15. Az erkölcstelen nem teszi meg, amit számára Isten meghatározott, ezért nem is válhat ígéretévé! Az embert, cselekedetei teszik egyedivé! De akinek vitatható erkölcse az emberek között, az nem válhat jelentőssé! Aki határozatom ellenére nem válik bűntelenné, annak egyedisége nem dicsőíthető, és nem lehet szövetségesem! M.19.16. Aki az engedetlen és tisztátalan szellemek börtönében lévő emberek közül nem tűnik ki bűntelen életével és viselkedésével, az nem erősítheti Isten élőhelyét és nem is lehet szövetségese! Az embert, nem vádolja alaptalanul Isten, de amíg nem él bűntelenül, tisztességesen, addig nem gondoskodhat életerejéről és nem juttathatja hozzá az örök élethez! M.19.17. Aki nem cselekszik és él rosszul, az örökbe fogadhatja az örök életet! De aki bűnös, az nem lehet szövetségesem és nem rejtőzhet el nálam! Mert az Istentől elszakadt, bűn uralma alatt lévő embernek, kinyilvánította Isten: Olyan erővel hatsz a környezetedre és az életre, ami miatt nem juthatsz el, Istenhez! M.19.18. És ígéri Isten a bűn uralma alatt lévő embernek: Aki a bűn uralma alatt lévő emberek közül nem válik többé, azt életével büntetem meg! Aki életével és cselekedetével nem harcol meg azért, hogy kitűnjön a bűnösök közül, az nem lehet örökbefogadottam! Mert Isten, csak a bűntelen emberről gondoskodik! Aki bűnös, az nem lehet szövetségesem! De aki tisztességesen él, annak nem gyengülhet életereje és megállítom életének

idejét, hogy Isten kitűntjeként, örökké éljen!
M.19.19. A cél, amiért létrehoztalak, és amiért
meg kell harcolnod az, hogy örökké élj! El kell
válnod a hitetlen világi élettől, különben nem
válhatsz eggyé velem! Amíg hűséges vagy a
világi élethez, addig nem válhatsz eggyé az élet
erejével! Amíg cselekedeteiddel nem dicsőíted
az Urat, addig nem is juttat jövőt számodra! Az
embert, addig neveli életén és sorsán keresztül
Isten, amíg ki nem nyilatkoztathatja, hogy hozzá
tartozhat! De amíg nem válik többé vele, addig
nem terjedhet ki rá az élet ereje, és nem is válhat
eggyé az élet erejével!

M.19.20. Várja az Úr, hogy a bűn uralma alatt
lévő ember, életének idején összeköttetésbe
kerüljön vele és életével segítse! Mert akivel
többé válik az Úr, azt elválasztja az örökbüntetés
helyétől a világi élettől, és örökbe fogadhatja az
életerőt! És akit az Úr örökbe fogad, annak erős
élete! De akit nem, annak ahhoz képest,
meghatározhatatlan életereje! Aki megszabadul
bűneitől, az a maga urává válhat! És aki nem váll
meg bűneitől, az nem indulhat útnak a
szabadságba! A bűn uralma alatt lévő embernek,
meg kell változnia ahhoz, hogy Isten
védelmezhesse életét! De amíg nem tudja
legyőzni önmagát és a bűn kényszere alatt él,
addig nem lehet a maga ura és nem segítheti
életét az Úr! M.19.21. Az juthat az Úrhoz, aki
erkölcsi bűneitől megtisztítja életét! De aki
ragaszkodik a bűnhöz és erkölcstelenül él, azzal
nem újítja meg kapcsolatát Isten, az élet! Mert a

tisztességesen élő emberrel újítja meg kapcsolatát Isten és az élhet, az élet erejével! És akik az engedetlen és tisztátalan szellemek börtönében Istennel békében élnek, azokat összegyűjti Isten az örök életbe! M.19.22. Aki kizárólag Istenhez akar tartozni, az cselekedjen úgy, hogy Isten élőhelye alkalmazni tudja cselekedetét! Az emberek közül az ne éljen erkölcstelenül, bűnben, aki meg akarja változtatni kapcsolatát Istennel! Mert a tisztességes lélekkel újítja meg kapcsolatát, Isten! Az akaratos, Istentől elszakadt embernek, meg kell tennie mindent azért, hogy az Úr, büntetését elengedje! Mert az Úr is meg tesz mindent azért, hogy az Istentől elszakadt, rátaláljon! M.19.23. Abban az időben éred el, hogy a világi életből elfogadja Isten megnyilatkozásod, mikor erkölcsössé válásoddal bizonyítod az Isteni hatalom létezését! És életed eredményeként, Isten kitűntjeként, halhatatlanságban élhetsz! De amíg jellemző életedre, hogy harcolsz az erkölcsösség ellen és bűneidtől nem tisztulsz meg, addig életed eredményeként, nem élhetsz Istennel, mert a világi élet válik veled többé! Mert elrendeltem: Akik bűneiktől nem tisztulnak meg, azok nem élhetnek Istennel! M.19.24. Aki a világi rendjében, rendeltetésének megfelelően bűntelenül él az élete eredményeként, Isten kitűntjeihez és Istenhez tartozhat! Akinél elismeri Isten, hogy tisztességes az kizárólag hozzá tartozhat! Mert azzal újítja meg kapcsolatát Isten, akivel többé válik! M.19.25. A jelentéktelen léleknek meg kell tisztulnia a világi élet bűneitől, mert csak a bűneiből kigyógyult, élhet Istennel! Aki az Úr elrendelése szerint él, azt élete eredményeként, felszólítja az örök élethez való csatlakozásra! Mert az a lélek, aki rendeltetésének megfelelően tisztességesen él az élete eredményeként, örökké élhet! M.19.26. De az a lélek, aki másnak vagy természetfelettinek tünteti fel magát, az nem élhet az élet erejével! M.19.27. Ha te bűntelen vagy, akkor úgyis megment az örökkévaló és hozzájuttat a természetfölötti erőhöz! Ha pedig bűnös vagy, akkor megszűnik életerőd, mert nem élhetsz azzal az erővel!

M.19.28. Amíg a bűn uralmától nem válik el az ember, addig nem változhat meg élete és sorsa sem! Mert megítélem az embert, és amíg tisztességes életével nem bizonyítja az Isteni hatalom létezését, addig lelke, nem élhet az örök élettel! M.19.29. Ha te igazként imádod Istent, akkor nem alázod meg magad a buja érzelmekkel! Mert a buja érzelmek, a szellemi élet rombolására vannak! Aki a buja érzelmeknek kedvez és a szellemi életét rombolja, az csak a világi életbe juthat be! Amíg a buja életű nem válik többé, addig nem érheti el Istent, csak a világi életet! M.19.30. Az lesz életed idejének ünnepe, mikor tisztességes életeddel, megharcolsz az örök életért! Mert akkor, Isten nagyrabecsüléséül, hozzád rendeli az örök életet! M.19.31. De amíg másnak mutatod magad, addig nem tárulhat fel előtted az élet erejének rejtett ismerete, és nem térhetsz meg az örök életbe! Mert a beszennyezett lélek után, nem érdeklődöm! Azután viszont igen, aki tisztességesen és eredményesen él! M.19.32. Aki az emberek közül bölcsen, tisztességes életével dicsőíti az Urat, az Isten élőhelyén ébredhet! Mert aki Isten iránti helyes magatartással él, az örökké él! És aki nem, az lelkét hanyatlásba juttatja! M.19.33. Aki életének idején, vonakodik az Úrnak rendelkezésére állni, az idegen marad az Úr számára! És azt az Úr, kikerülhetetlen ítélete a világi életbe juttatja! M.19.34. Figyelmeztetem azokat, akik vonakodnak rendelkezésemre állni: Idegenek maradtok számomra, ha időben nem változtatjátok többé életeteket, ha nem harcoltok meg az örökkévalóságban lévő helyért! Éljetek tisztességesen, hogy Isten kitűntjeivé válhassatok! Mert aki nem válik Isten kitűntjévé, annak még sokáig az örökbüntetés helyén, a világi életben kell élnie! És az a lélek, aki idegen marad az Úr számára, az nem élhet az örök élettel! Aki pedig rendeltetésem szerint él, azt gyengéden örökbe fogadja az élet ereje! M.19.35. Akinek életében és cselekedetében nincs jelen az Úr, annak így nyilatkozik meg Isten: Határozatom ellenére erkölcstelenül élsz! Pedig Isten kinyilatkozta: Aki megválik bűneitől, az szabaddá válik és felfedezheti az életet! És aki a bűntelenség erejével hat a bűn uralma alatt lévő emberek környezetére, ahhoz hozzá rendelem az élet erejét! És akihez hozzárendelem az élet erejét, ahhoz hozzárendelem a halhatatlanságot és bőséget is! M.19.36. Megmérem mindenkinek a jó és gonosz cselekedeteit! És aki tisztességesen él, azt hozzárendelem a halhatatlansághoz és bőséghez! És aki nem él tisztességesen, azt hozzárendelem az örökbüntetéshez! Mert a tisztességessel az örök élet válik többé, a tisztességtelennel pedig az engedetlen és tisztátalan szellemek börtöne! A tisztességes élet juttat ki téged is az örökbüntetés helyéről, a világi életből! M.19.37. Mert Isten, kitűntjeinek meghatározta: Aki megharcol tisztességessé válásáért, azt élete eredményeként, hozzájuttathatjátok az örök élethez! Élj tisztességesen, mert amit Isten kitűntjeinek meghatároztam, azt meg is teszik!

20.

M.20.1. Tisztulj meg és élj tisztességesen, hogy Isten az élet ereje, újra megnyilatkozhasson! M.20.2. Harcolj együtt Istennel a bűntelen életért és örökbe fogadhatod, az élet erejét! Mert aki Istennel együtt harcol, mint örökbefogadottja az megharcol az örökkévalóságban lévő helyért! És aki vonakodik Istennel együtt harcolni, az idegen marad az örökkévalóság számára! Aki harcával bizonyítja az Isteni hatalom létezését az méltó arra, hogy az Urat kövesse! Aki a világi életben így kitűnik, azt hozzájuttatja az Úr, jelenlétének jeléhez! És az a lélek, aki rágalmazza az Urat, az jövőjének pusztítója, mert büntetésben részesül! M.20.3. Mikor a bűn uralma alatt lévő ember, életével és cselekedetével hasonlóvá válik ahhoz az emberhez, aki megtartja az Úr utasításait, akkor rá is kiterjed az örök élet! Mikor kitűnik a beszennyezettektől azzal, ahogy az örökkévalóságban lévő helyért harcol, akkor jövőt juttat magának az örök életben és követheti az Urat! Mert aki rendeltetésének megfelelően kizárólag Istenhez tartozik, azt elkülönítem az örök élet számára! És akit nem különítek el, az nem élhet az örök élettel! M.20.4. Annak a léleknek, ígéri Isten: Ha életed idején, hasonlóvá válsz ahhoz az emberhez, aki kitűnik a világi életben élők közül azzal, hogy bizonyítja az Isteni hatalom létezését, akkor vétkeidet elnézem! Abban az időben, mikor követésre méltóvá válsz a többi lélek számára, az Úr jövőt juttat számodra! És aki az Úrral él, azt senki le nem győzi! M.20.5. Abban az időben juttatod lelked az örök élethez, mikor megtisztulsz bűneidtől! Amint a bűn uralma alatt lévő ember, rendeltetésének megfelelően kitűnik békés életével és cselekedetével, azokhoz az emberekhez tartozhat, akik Isten kitűntjeivel élhetnek! És aki az emberek közül a buja érzékeknek kedvez, az a szellemi élete rovására cselekszik! Mert aki késlekedik a szellemi életet erősíteni és inkább a buja érzelmeknek kedvez, az nem méltó arra, hogy az Urat kövesse! Aki kitűnté válva harcol az örökkévalóságban lévő helyért, az követheti az Urat! M.20.6. Aki az emberek között, most másnak mutatja magát, de később megváltozik, annak élete eredményeként tárul majd fel, az élet erejének rejtett ismerete! Ha az ember, a szellemi élet rovására a buja érzelmeknek kedvez, akkor életére a bűn uralma terjeszti ki erejét! És ha kitűnté válva, cselekedetivel a rosszat megszünteti, akkor megharcolt az örökkévalóságban lévő helyéért és az Úrral élhet! M.20.7. Az a lélek, aki tisztességes életével többé változtatja az életet, az kizárólag Istenhez tartozhat! És azt elkülöníti az Úr, az örök élet számára!

M.20.8. Mert meghatározta Isten: Az örök életért, tisztességes életeddel harcolhatsz meg! És aki ezt megteszi, azt élete eredményeként, elkülönítem az örök élet számára! M.20.9. És aki nem, annak értéktelennek nyilvánítom életét és ismeretlen marad az örök élet számára! Mert aki nem él békében az Úrral, az elpusztítja életének erejét! Aki pedig békességgel él, arra kiterjesztem az örök élet erejét! És akinek értéktelennek nyilvánítom életét, azt életével büntetem! M.20.10. Az embernek, életének idején kell eltérnie a buja érzelmektől, mert amíg annak kedvez, addig elpusztítja szellemi életét! És az a lélek, aki a buja érzelmeknek kedvez a szellemi élet rovására, az nem lehet az Úr szövetségese, mert az nem bűntelen! Az a lélek, aki a buja érzelmeknek kedvez a szellemi élet rovására, az Úr büntetésében részesül! Aki pedig a szellemi életnek kedvez a buja érzelmek rovására, az örökbe fogadhatja az élet erejét! M.20.11. De a bűn uralma alatt lévő ember, hiába várakozik az örök életre! Mert azt a lelket, akinek szégyellni való élete, azzal bünteti az Úr, hogy életének idejét, saját maga pusztítja! És aki bölcsen él, azt Isten kitűntjei az örök élethez juttatják és elrejtőzhet, Isten élőhelyén! M.20.12. Várja az Úr, hogy a bűn uralma alatt lévő ember, bölcsen élve, Isten kitűntjévé váljon és rátaláljon a békés életre! De aki bűnökbe merül, annak büntetése: Saját magad pusztítod, életed idejét! És aki nem így tesz, arra kiterjedhet az élet ereje! M.20.13. Várja az Úr, hogy a bűn uralma alatt lévő ember úgy éljen, hogy életének ideje alatt, örökbe fogadhassa az élet erejét! Várja az Úr, hogy a bűn uralma alatt lévő ember, Isten kitűntjévé válva, segítse az életet! Mert aki bölcs és Isten kitűntjévé válik, arra kiterjedhet az élet ereje! És aki rosszat tesz, az büntetésül saját pusztulásának okozója! M.20.14. Az Úr ítéletével az a buja életű lélek szerezheti meg az élet erejét és élhet békességgel, aki életének idején, rendeltetésének megfelelően életével segíti a meghatározhatatlant! Mert megítélek minden lelket és a buja életűvel, nem válok többé! Ezért bölcsen alakítsd életed, eredményessé! M.20.15. Mert amíg életed idején hűséges maradsz hozzám, addig összeköttetésben állok veled! És amikor legyőződ ezt a hűséget, akkor büntetésül, saját pusztulásod okozod! M.20.16. Az emberek életének ideje meghatározatlan! Bárki, aki legyőzve önmagát, viselkedésével segíti az Urat, azt az Úr is megsegíti és Isten kitűntjeivel, kiterjeszti rá az élet erejét! De akinek meginog hűsége az Úrban, annak büntetése, hogy saját pusztulásának okozója! Mert csak az Úrhoz hűségest, részesíthetik Isten kitűntjei az élet erejéből!

M.20.17. Azt a lelket, aki életének idején igazként imádja Istent, azt megszerzi az Úr szövetségesének és örökké élhet! És az él igazként, aki békességgel élve imádja Istent! És megígéri Isten: Aki rendeltetése szerint igazként imádja, az Istennel élhet! És megígéri Isten a szégyentelennek is: Mikor kiválsz a szégyentelenek közül és megszünteted becstelenségeid, a rosszat, akkor örökbe fogadlak! Mert a szégyentelen is Isten ígéretévé válhat, ha igazként imádja Istent! És akkor, szövetséget köt veled Isten és elrejt élőhelyén! De amíg az ember életére és környezetére a bűn uralma van hatással, addig nem lehet összhangban Istennel és nem juthat hozzá az Isteni erőhöz! M.20.18. Életed idején azért harcolj, hogy Isten akaratának új megtestesítőjévé tudj válni! Mert az Úr várja, hogy a bűn uralma alatt lévő ember, életével segítse! És aki rendeltetése szerint él azt elrejti Isten élőhelyére, a szégyentelenek elől! Mert aki kitűnik a szégyentelenek közül és bölcsességével a rosszat megszünteti, ahhoz Isten kitűntje eljuttatják az örök élet erejét és Isten élőhelyén, örökké élhet! M.20.19. Ha igazként, békességgel élsz, akkor Isten imádatával és szövetségével élhetsz! És aki Isten imádatával és szövetségével él, az örökké él! Aki nem igazként él, hanem szégyentelenül az nem rejtőzhet el Isten élőhelyén! Annak van joga az élet erejéhez a szégyentelenek közül, aki megszabadul bűneitől! De amíg a bűn uralma van hatással az ember életére és környezetére, addig nem kerülhet összhangba Istennel és nem juthat hozzá az Isteni erőhöz! M.20.20. Az Úr várja, hogy a bűn uralma alatt lévő ember igazzá váljon életének idején, hogy elérhesse Istent az élet eredetét! Mert aki szövetségese, annak biztosítani fogja az élet folytonosságát! A jelentőssé váltat imádja Isten és elrejti élőhelyén! De a szégyentelen, bűn uralma alatt lévő ember, nem juthat el oda! Kerülj összhangba Istennel, hogy az élet ereje hatással lehessen életedre, környezetedre és jövődre! Különben nem változhat meg sorsod és nem juthatsz jövőhöz! M.20.21. Élj tisztán életed idején, hogy szövetségesemként örökbe fogadhassalak! Mert az a lélek, akit szövetségesemnek örökbe fogadok, az megszerezheti az élet erejét és elrejtőzhet Isten élőhelyén! De annak, aki beszennyezi életét, nem juttatok jövőt, míg a szégyentelenektől többé nem válik! M.20.22. Mert Isten, kitűntjeinek meghatározta: Aki a világi életben, utasításom szerint megharcol azért, hogy eredményessé változtassa életét és bizonyítsa az Isteni hatalom létezését, arra nagy erővel árasszátok az örök élet erejét! És Isten, meghatározta még azt is kitűntjeinek: Aki pedig ezeket nem teszi meg, azt nem juttathatják az élet erejéhez! M.20.23. Az embernek pedig elrendeltem: Tisztességesen élj és viselkedj, mert úgy harcolsz meg az élet ésszerű állapotáért! És aki a lelkek közül, ennek követésében kitűnik, az örökké élhet! Azokhoz a megrontott lelkekhez, akik ezt nem teszik meg, nem juthatnak el Isten kitűntjei!

M.20.24. Azoknak az élet ereje: Azért harcoljatok, hogy általatok közvetíthesse Isten az Isteni erőt a világi életbe, és akkor nektek juttatja az örök életet! Mert Isten azután vágyakozik, aki tiszta életével közvetíti az Isteni erőt! Éljetek tisztességesen a világi életben, hogy halhatatlanságban, örökké élhessetek! Mert azokat választom az emberek közül szövetségeseim közé, akik életükkel és cselekedeteikkel, megharcolnak az örökkévalóságban lévő helyért! És aki így kitűnik életével, az jelentőssé válik számomra! M.20.25. Térj el az engedetlen és tisztátalan szellemek börtönében a bűntől, hogy a becsületeseket erősíthesd! Mert becsületességgel válhatsz szabaddá! És ha hűséges maradsz a becsületességhez, akkor megszabadítlak a hitetlen bűnösök közül, az engedetlen és tisztátalan szellemek börtönéből! Mert szabaddá válhat a lélek, ha nem szennyezi be magát és nem él hitetlenségben! És akinek életét a becsületességhez való hűség jellemzi, az jelentős változásokat hozhat létre a világi életben! Akik megváltoznak és kiemelkednek a hitetlen, bűnös lelkek közül, azokhoz eljuthatnak Isten kitűntjei! És akik nem változnak becsületessé, azok pedig még rosszabb körülmények közé juttatják magukat! M.20.26. Akik kitűnnek tisztességes életükkel, azokat elkülöníti Isten az örök élet számára! Mert azzal válik többé az örökkévalóság, aki megharcol azért, hogy Istenhez tartozhasson! És akikkel többé válik Isten, azok kizárólag hozzá tartozhatnak! M.20.27. Az Úrnak szüksége van arra, hogy életed idején segítőjévé válj! Szüksége van arra, akivel többé válik! És aki jelentősen megváltozik az engedetlen és tisztátalan szellemek börtönében, azt az Úr, jelenlétének jelével ellátja és feltárja számára az élet erejének rejtett ismeretét! De aki másnak mutatja magát és rágalmazza az Urat, az élete eredményeként, büntetésben részesül, mert saját pusztulásának okozója!

21.

M.21.1. Mert Isten, a megtisztult, tisztességes lelken keresztül nyilatkozhat meg újra! És Isten megnyilatkozik: Lásd tisztán, hogy örökbe fogadhasd az élet erejét és kizárólag Istenhez tartozhass, életed jelentősen át kell alakítanod! Mert aki kitűnik a beszennyezett lelkek közül az engedetlen és tisztátalan szellemek börtönében azzal, hogy megharcol az örökkévalóságban lévő helyért, annak sorsát megváltoztatom! M.21.2. És a bűn uralma alatt lévő embernek ígéri Isten: Ha időben nem jutsz el a jelentéktelenségből, akkor nagyon nagy távolságra kerülsz az élet erejétől! Mert annak van joga az élet erejéhez, aki megszabadult bűneitől! Élj békességgel, hogy az örök élettel élhess! Fogadd örökbe az igazságot, hogy Isten imádatával örökbe fogadhasson, szövetségesének! M.21.3. Mert ígér Isten: Azzal az emberrel köt szövetséget Isten, aki tisztán, becsületesen élve, nagyon nagy távolságra kerül a bűn uralmától! Mert aki igazként él, az eljuthat a jelentéktelenségből és érezheti Isten imádatát! És aki nem így él, az nem térhet meg az Úrhoz! M.21.4. Az Úr számára, az a lélek válik kitűnté az engedetlen és tisztátalan szellemek börtönében, aki nem szennyezi be magát! És aki nem így tűnik ki az emberek közül, azt nem különíti el Isten az örökkévalóság számára, mert azzal nem válik többé! M.21.5. A bűn uralma alatt lévő ember, nem válhat meg a bűnös világtól és nem menekülhet el az örökbüntetés helyéről, az

életerő helyére! De emlékezik arra az emberre az
Úr, aki bölcsen él és azt megszabadítja! És arra
is, aki nem választja el magát a bűntől, és az nem
juthat el a természetfeletti erő határához! M.21.6.
Mert az tartozhat kizárólag Istenhez, akivel többé
válik az élet! Aki nem él az emberek közül
rendeltetése szerint tisztességesen, arra Isten
ítélete: Aki nem különül el a bűn uralmától, az
nem újíthatja meg a kapcsolatot az élet erejével!
Ember, úgy kell élned, hogy meg tud újítani a
kapcsolatod Istennel, hogy többé tudjon válni
veled az élet! Mert csak akkor tartozhat az ember
kizárólag Istenhez! M.21.7. Amíg nem válsz
bűntelenné és a buja érzelmeknek kedvezel,
addig a szellemi élet rovása ellen teszel! És
azzal, nem segíted az Urat, ha nem élsz tisztán!
Mert figyelmeztette az Úr, az embereket: Aki
nem válik tisztává és nem válik az Úr
segítségére, az nem követheti az Urat! A
megtisztult tartozhat kizárólag Istenhez és
követheti az Urat, de a tisztátalan nem! És aki
követheti az Urat, azt elkülöníti az örök élet
számára!

M.21.8. Te is kizárólag Istenhez tartozhatsz,
ha a bűn uralma alatt lévő emberek között,
életeddel meg tudod újítani a kapcsolatot
Istennel! Mert az tartozhat az emberek közül az
Úrhoz, akivel többé válik az élet! És azt a
tisztességes lelket, aki kizárólag Istenhez
tartozhat, elkülöníti Isten az örök élet számára!
Tartozz kizárólag az Úrhoz, hogy téged is

elkülöníthessen az örök élet számára! M.21.9. Annak ideje meghatározhatatlan, hogy mikor válik igazzá az, aki most a buja érzelmeknek kedvez. De amíg a szellemi élet rovására van, addig nem tartozhat kizárólag Istenhez és nem különíti el ítéletével Isten az örök élet számára! Kényszerítsd magad mielőbb az Isten imádatára, mert az Úr megítéli, hogy ki tartozhat hozzá! M.21.10. Mikor kigyógyulsz bűneidből és úgy élsz, hogy kizárólag Istenhez tartozol, akkor örökbe fogad az engedetlen és tisztátalan szellemek börtönéből az Úr, az örök életbe! Mert aki Isten embereként kizárólag Istenhez tartozik, azzal megerősödhet az életerő helye! Azzal vagy az Úr segítségére, ha Isten utasításait betartod, és kizárólag Istenhez tartozol! De addig, még változásokon kell átmenned, hogy Isten élőhelyéhez tartozhass! Akkor juthatsz az életerő helyére, Istenhez, mikor már nem a szellemi szegénységhez akarsz tartozni, hanem az Úrhoz! De amíg nem az Urat választod, addig nem is tartozhatsz hozzá! M.21.11. A bűn uralma alatt lévő embernek az jellemezze életét, hogy jelentőssé változtatja életét! Mert az a lélek, aki nem szennyezi be életét és békességgel él az sorsának változásaként, megtérhet az örök életbe! És aki nem így él, az nem! M.21.12. Mert aki nem úgy él, hogy kizárólag Istenhez tartozik, az nem is térhet meg hozzá! Ahhoz, hogy kizárólag Istenhez tartozhass, ki kell gyógyulnod bűneidből! Mert az nem tartozhat a tökéletességhez, aki nem különíti el magad a bűntől! Válj tisztességessé, Isten emberévé és kizárólag Istenhez tartozhatsz! És aki az Úrral él, arra kiterjeszti az örök életet! M.21.13. Mert a tisztává vált lelket, megszerzi az Úr! M.21.14. Annak változtatja meg sorsát az Úr, aki bűntelenné tud válni és tisztán tud élni! Aki pedig nem válik tisztává és a buja érzelmeknek kedvez a szellemi élet rovására, annak lelkét nem szerzi meg az Úr! Az örökkévalóságban lévő helyért úgy harcolhatsz meg, ha kitűnsz tisztaságoddal a bűnösök közül! Aki időben ilyenné tud válni, azt megszerzi az Úr, és megtérhet hozzá! M.21.15. Azt elkülöníti Isten az örök élet számára, aki kitűnik tisztességével az engedetlen és tisztátalan szellemek börtönében, hogy be ne szennyeződjön! És az a lélek, aki az Úrral él, annak az Úr juttat jövőt! M.21.16. Mert a megtisztult, tisztességes lelken keresztül, újra megnyilatkozhat az élet ereje!

M.21.17. Megnyilatkozik az élet ereje annak, aki időben többé válik: Tisztán látom, hogy az erkölcsileg hiányos emberek között ki él az Úrral, és ki harcol az örökkévalóságban lévő helyért. És aki kitűnik, és többé válik a bűn uralma alatt lévő emberek közül, azzal megújítja kapcsolatát Isten és jövőt juttat annak az örök életben! De aki az emberek között nem az Úrral él, azzal nem újítja meg kapcsolatát Isten! Te is azok közé az emberek közé tartozol, akik kitűntek az Úr számára, M.21.18. mert jelentőssé tudtad változtatni életed! És aki az emberek közül erkölcsössé változik, azzal megújítja kapcsolatát Isten! Aki pedig az emberek közül erkölcstelenül él, annak örökbüntetésben kell élnie! Mert Isten kinyilatkozta: Amíg hiányosak az ember erkölcsei és nem változtatja bűntelenné életét, addig ítéletemmel megfosztom az örök élettől! De akivel többé válik az élet, mert megszabadult bűneitől, az felfedezheti és részesévé válhat az örök életnek! M.21.19. Aki az emberek közül, nem változtat bűnös életén és az engedetlen és tisztátalan szellemek börtönéhez hűséges, annak életét az engedetlen és tisztátalan szellemek börtönének hatalma fogja uralni! M.21.20. Annak a léleknek, ígéri Isten: Amíg tisztességtelenül, érzéketlenül élsz és lelked a nyughatatlan vágy nyomasztja, addig nem tudsz megválni a bűnös világ jelentőségétől! És aki így él, annak élete véget ér! M.21.21. Az úgy élő embernek, ígéri Isten: A hiányos erkölcsű embernek, ahhoz jelentősem meg kell változtatni életét, hogy lelke ne kerüljön a bűn uralma alá! Lásd tisztán: Azért, hogy kizárólag Istenhez az örökkévalósághoz tartozhass, meg kell harcolnod! Ahhoz, előbb meg kell újítanod a kapcsolatod Istennel, hogy Isten élőhelyére juthass! Mert megítéli az ember erkölcsét Isten, és aki tisztességes, annak lelkét elfogadja! Akinek pedig hiányos erkölcse és a bűn uralja, az nem élhet az Úrral! De a bűn uralma alatt lévő embernek is ígéri Isten: Amint megújítod kapcsolatod az Úrral, örökké élhetsz! M.21.22. Élj az Úrral, hogy elkülöníthessen a bűn uralma alatt lévő emberektől a jelentőssé váltakhoz! Hogy elkülöníthesselek az élőkhöz! M.21.23. De amíg bűneidtől nem tisztulsz meg, addig a jelentéktelenek közé kell visszatérni lelkednek!

És addig nem kerülhetsz el a jelentéktelenektől és nem teljesedhet be boldogulásod, míg hiányos erkölcsöd! Mert amíg beszennyezed életed, addig olyan nagyon nagy távolságra vagy örök élettől! Amíg nem élsz tisztességesen és nem fogadod el az Urat, addig nem tartozhatsz kizárólag Istenhez! És aki nem tartozik az Úrhoz, azt nem különíti el az örök élet számára! M.21.24. Lásd tisztán: Hogy örökbe fogadjon az Úr, az élet ereje, ahhoz meg kell tisztulnod bűneidtől! Mert a bűntelenek harcolhatnak együtt Istennel és azokat fogadhatja örökbe Isten, kitűntjei közé!

22.

M.22.1. Hogy újra megnyilatkozhasson Isten az élet ereje, ahhoz meg kell tisztulnod és tisztességessé kell válnod! M.22.2. Lásd tisztán: Isten annak fog megnyilatkozni, akit örökbefogadott! De azért meg kell harcolnod, hogy Isten örökbe fogadja lelked! És azzal harcolsz meg Istenért, ha kizárólag Istenhez tartozva nem szennyezed be legbensőbb lényeged és erényes maradsz! Mert aki kizárólag Istenhez tartozik, az örökké él! Életed rendeltetése, hogy tisztességessé válj! Mert ennek eredményeként foglak elkülöníteni az örök élet részére! M.22.3. Az ember, életének célját viselkedésével valósíthatja meg! Azzal harcolhat meg az örökkévalóságban lévő helyért és élhet Isten kitűntjeivel! És aki életének idején, tisztességes cselekedeteivel kitűnik a bűnösök közül, az kizárólag Istenhez tartozhat! A tisztességes embert, pedig elkülöníti az Úr örökbefogadottai közé azoktól, akik Isten ellen harcolnak! Mert abban az időben, mikor magában a rosszat megszünteti az ember, hasonlóvá válik azokhoz a lelkekhez, akik az Úrral, az örök élettel élnek! Ezért te is úgy élj, hogy kiterjeszthesse rád Isten, az élet ereje az örök életet! M.22.4. Lásd tisztán: Az ember, jövőjén fogja megérezni, ahogy most él! Amíg hitványul él, addig az örökbüntetést juttatja jövőjének! Mert addig az időpontig, míg cselekedeteivel nem válik erkölcsileg jobbá, nem tartozhat Istenhez! Az embert, kizárólag élete juttathatja keresztül az örökbüntetés helyén! Csak azon életének idején fogadja örökbe az Úr, mikor megharcol az örökkévalóságban lévő helyért! De amíg erkölcse nem megfelelő és beszennyezi életét, addig sorsának és életének változását, nem az Úr határozza meg! M.22.5. Mert addig, jelentéktelen az Úr számára az ember, míg nem él erkölcsösen! És aki bűnösből nem válik bűntelenné, annak életének idejéről, nem határoz Isten! De aki az emberek közül, szembe tud fordulni bűneivel, annak életéről az Úr határoz! M.22.6. Ha a bűnös, rossz tulajdonságú emberhez vagy hasonló, akkor az örökbüntetés válik veled többé! Ha pedig ahhoz az emberhez, akinek erkölcse megfelelő, akkor megszűnik büntetésed és kizárólag Istenhez tartozhatsz! Ember, úgy cselekedj életed idején, hogy meg tudj tisztulni a bűn uralmától! Mert az a lélek, aki a rendelkezésére álló idő alatt, nem tud megtisztulni bűneitől, az nem élhet velem! M.22.7. Abban az időben térhet meg Istenhez az örökbüntetés helyéről, mikor becsületessé válik! De aki késlekedik dicsőségessé válni, az nem birtokolhatja az Isteni megbízatást és arra nem terjedhet ki az élet ereje! Mert az tartozhat kizárólag Istenhez és az élhet az élet erejével, akinek tisztességesek cselekedetei!

M.22.8. Ne a hitetlen életet válaszd, mert azzal nem válik többé az élet! Ahhoz, hogy megváltozzon sorsod és a bűnösöktől eljuthass az örök életbe, bűntelenül és tisztességesen kell élned! M.22.9. Mert Isten meghatározta: Az örök életért, tisztességessé válásával harcolhat meg az ember! Aki az örök életért megtisztítja magát bűneitől, annak megváltoztatom sorsát és életerőssé teszem! Aki pedig bűnbe kerül és elszakad Istentől, az nem élhet az örök élettel! Azt nem különíti el Isten, az örökkévalóság számára! M.22.10. Ember, úgy cselekedj, hogy a jót elismerem, és a gonoszt megbüntetem! Különülj el a bűntől, mert úgy tűnsz ki az Úr számára a világi életben lévők közül! Addig nem tartozhatsz Istenhez, míg nem válsz el a bűntől! Ahhoz bűntelenül kell élned, hogy kizárólag Istenhez tartozhass! M.22.11. Azt a lelket megszerzi az Úr és kizárólag hozzá tartozhat, aki életének idején értékessé tud válni! Az emberek közül az érkezhet meg Úrhoz és élhet az élet erejével, aki békességgel tud élni! Ezek megérkezhetnek az élettelenek közül, az élők közé! M.22.12. De aki időben nem tartozik kizárólag Istenhez és nem válik igazzá, az a lélek nem élhet Isten imádatával! Ahhoz többé kell válnia az embernek, hogy kizárólag Istenhez tartozhasson! Tartozz kizárólag Istenhez, hogy megújíthassa veled kapcsolatát! M.22.13. És aki igazként, kizárólag Istenhez tartozva, Isten imádatával él, de életének idején ettől eltér, annak az Úr, sorsát megváltoztatja! Aki többé vált és békességben él, de életének valamelyik szakában megváltozik, az attól az időtől fogva, nem tartozhat Istenhez! És mindazok, akikről ez kiderül, nem élhetnek az Úrral, az örök élettel! Mert azok élhetnek az Úrral, az örök élettel, akik nem térnek el az igaz élettől! Azoknak imádatával, jövőt juttat Isten és kitűntjeihez tartozhatva, megtérhetnek az élet helyére, a bűnös világi életből! M.22.14. Aki élete eredményeként erősíti az életet, azt elkülöníti Isten azok közé, akik hozzá tartozhatnak! Mert aki rendeltetése szerint, az életének idejéül adott pillanatban kigyógyul bűneiből, az kizárólag hozzátartozhat és eljuthat hozzá! De aki hibázik, az nem! M.22.15. Aki kizárólag Istenhez akar tartozni és Istennel együtt akar harcolni, mint örökbefogadottja, az ne szennyezze be életét! Mert azzal az emberrel újítja meg kapcsolatát Isten, akinek tisztességesek cselekedetei! M.22.16. Az erkölcsileg bűnös ember életére és környezetére, a bűn uralma van hatással! Ne élj ezzel az erővel, mert az rossz hatással lesz életed eredményére! Életed idején cselekedj tisztességesen és tartozz kizárólag Istenhez, hogy elkülöníthesse lelked Isten, az örök élet számára! M.22.17. Mert a megtisztult, tisztességes lelken keresztül nyilatkozhat meg újra Isten, az élet erejével!

M.22.18. Lásd tisztán: Hogy Isten megnyilatkozhasson rajtad keresztül, ahhoz Istennel együtt kell harcolnod és örökbefogadottjává kell válnod! Mert aki örökbefogadottjává válik, ahhoz eljuttatja Isten, kitűntjeivel az élet erejét! Életed idején élj békességgel, mert így harcolhatsz együtt Istennel! Mert aki így harcol, azzal válik többé Isten! És az a lélek, aki nem idegenkedik az örökkévalóságban lévő helyért harcolni, és meg tudja újítani kapcsolatát Istennel, az Isten élőhelyére juthat! És ígéri Isten az embernek: Ahhoz, hogy Isten élőhelyére juthass, saját elhatározásodból kell tisztességessé válnod! Mert ahhoz, hogy megújíthasd kapcsolatod Istennel, bűntelenné kell válnod! És akik így élnek, azok Isten ítéletével eljuthatnak az emberek közül! M.22.19. Jót ígér annak Isten, akivel többé válhat! De ahhoz, hogy megértsd az Urat, a tökéletességet, az alábbiak szükségesek: Bűntelenné kell válnod, ártatlanul kell élned és türelmesnek kell lenned! M.22.20. Mert azzal az emberrel nem újítja meg kapcsolatát Isten, aki erkölcstelenül él! Amíg nem változik jóvá, addig nem válhat vele többé és jelentőssé az élet! M.22.21. Azt az embert ismeri el Isten és újítja meg vele kapcsolatát, aki életének idején tisztességessé tud válni! Ahhoz, hogy meg tud újítani a kapcsolatot Istennel, meg kell valósítanod Isten utasítását és ígéretessé kell válnod Isten számára! Ehhez szükséges, hogy uralkodva magadon, ártatlanná és türelmessé válsz! Az erkölcstelen embernek, jelentősen meg kell változnia ahhoz, hogy többé váljon vele az élet! Aki bűntelenné és jóvá tud változni, azzal többé válik az élet! És aki nem, azzal nem válik többé! M.22.22. Akinek hiányosak erkölcsei és megvetésre méltóan él, annak életét elítéli Isten és örökbüntetésben fog élni! Aki nyughatatlan vággyal él, az a bűnös világtól nem tud megválni! És akik ehhez hasonlóan élnek, azok nem újíthatják meg kapcsolatukat Istennel, amíg nem gyógyulnak ki bűneikből és nem élnek tisztességesen! Mert az embernek, ahhoz tisztességesen kell élnie, hogy megújíthassa

kapcsolatát Istennel! És aki nem válik az élet
erősségévé, annak nem teljesedhet be
boldogulása! M.22.23. Isten kinyilatkozta: Aki
bűneitől megszabadul, azt az élet felfedezésében
szabaddá teszem! Türelemmel várom, hogy a
rendelkezésedre adott kevés idő alatt,
megszabadulj bűneidtől és az életerő részévé
válj! Mert az ember határozhat arról, hogy
ártatlanul élve a maga urává válik, vagy nem! És
azzal a lélekkel, akivel jobbá válik az élet, azzal
megújítja kapcsolatát Isten! De akivel nem válik
jobbá, azzal nem! Aki pedig az emberek közül
megújítja kapcsolatát Istennel, annak ígéri Isten,
hogy megszerezheti az örök életet! M.22.24. Aki
bűnbe kerülve felemészti életerejét, az nem élhet
Isten kitűntjeivel, mert annak élete véget ér! A
semmittevő embereket elválasztja Isten a
tisztességesektől, mert azokkal nem újítja meg
kapcsolatát! Ezért ne úgy élj, és ne azt tedd, ami
a világi életet erősíti!

M.22.25. Aki az erkölcstelen emberek
hatalmát erősíti, azzal nem újítja meg kapcsolatát
Isten, mert az nem hozzá tartozik! Aki hasonlóan
él az emberek közül, annak jelentősen át kell
alakítania élet ahhoz, hogy Istennel élhessen!
Mert ígéri Isten: Aki jó azt elfogadom, és aki
nem válik azzá, azt nem! M.22.26. Isten, a
tisztességes és megtisztult lelken keresztül
nyilatkozhat meg újra az élet erejével! M.22.27.
Aki időben megérti a tökéletességet és
megtartóztatva önmagát a bűnöktől, ártatlanná
válik, azzal többé válik az élet! Aki életének
idején legyőzi önmaga bűneit, az Isten ítéletével

békében élhet az örökbüntetés helyén és hozzájuthat az élet erejéhez! Aki az emberek közül, életének idején megharcol a tisztességessé válásért, az beteljesíti rendeltetését és megújíthatja kapcsolatát Istennel! Minél később válsz jóvá, annál később válik veled többé az élet! M.22.28. Aki rendeltetésének megfelelően ártatlanná válik azt élete eredményeként, örökbe fogadja az Úr! De aki életének idején nem tudja legyőzni önmagát, azt nem fogadja örökbe! M.22.29. Aki az emberek közül, időben meg tudja újítani a kapcsolatát Istennel, az híressé lesz az Úr előtt! És a tisztességes ember, megújíthatja kapcsolatát Istennel, az élet erejével! Mert megígérte Isten: A jó emberrel, megújítja kapcsolatát Isten! M.22.30. Aki tisztességesen él az szellemileg megvilágosodhat és megismerheti Istent, az örök életet! És aki életének idején nem így él, azt nem engedi Isten az örök élethez! M.22.31. Utasít az örökkévaló: Harcolj meg a tisztességes életért, mert annak eredményeként élhetsz az örök élettel! M.22.32. Amíg beszennyezed életed, addig nem tartozhatsz kizárólag Istenhez és nem élhetsz az örök élettel! Rendeltetésed, hogy az engedetlen és tisztátalan szellemek börtönében tisztességessé válj és elkülönülj a bűntől, Isten számára! Mert aki elkülönül Isten számára, az örökbe fogadhatja az örök életet! M.22.33. Azt az embert juttatom ki az örökbüntetés helyéről, a világi életből, aki tisztességesen él! És akivel így többé válik az élet, az részesévé válhat az örök életnek!

23.

M.23.1. A tisztességes lelken keresztül nyilatkozhat meg újra Isten, az élet erejével! M.23.2. De csak annak nyilatkozhat meg Isten és az fogadhatja örökbe az élet erejét, aki tisztességesen cselekszik! És aki így harcol együtt Istennel, annak sorsában megnyilatkozik Isten! Isten vágyakozik arra, hogy úgy cselekedj, hogy kizárólag hozzá tartozhass, hogy életed eredményeként, egyesülhess az örök élettel! Sorsodban úgy is megnyilatkozhat Isten, hogy azokhoz gyűjt össze, akik életük eredményeként hozzá tartozhatnak! M.23.3. Isten élőművét végezheti az, aki életének idején legyőzi önmagát! Mert úgy kerülhetsz egyensúlyba, tartozhatsz kizárólag Istenhez és élhetsz harmonikus életet! Aki életének idején így cselekszik, annak ünnep lesz élete, mert jelentősen megváltoztatom életét és befejezheti büntetését! És aki nem így él, annak nem fejeződik be büntetése! Élj tisztességesen, hogy életed ideje ünneppé váljon, hogy békében élhess, hogy egybegyűjthesselek Isten kitűntjeihez, hogy többé váljon veled az élet! M.23.4. Azok sorsában fog megnyilatkozni Isten, akik tisztességesen cselekednek! Isten vágyik arra, hogy életének idején a bűnösök megváltozzanak, hogy kizárólag hozzá tartozzanak, hogy egyesülhessenek az örökkévalósággal! M.23.5. Mert tisztességes, bűntelen élettel válhat az ember, Isten akaratának új megtestesítőjévé! De aki nem változtatja bűntelenné életét, az nem válhat Isten akaratának új megtestesítőjévé, mert azt, az örökbüntetés erői uralják! M.23.6. Ezen életed idején is, tisztességesen élve gyógyulhatsz meg és válhatsz el a bűn uralmától! Ha pedig életed idején, nem tudod uralni erkölcsöd és cselekedeteid, akkor sorsodról, Isten így nyilatkozik: Ember, a bűn uralja életed! És azon életed idejéig, míg nem győződ le önmagad és nem tudod uralni erkölcsöd, addig a bűn uralma alatt is fogsz élni! M.23.7. De azon életed idején, mikor életed jelentősen megváltoztatva Isten élőművét végzed, és többé válik veled az élet, akkor kizárólag Istenhez tartozhatsz! És akik Isten élőművét végzik, azok eggyé válhatnak az élettel, mert büntetésük befejeződik! M.23.8. Aki az emberek közül, életének idején legyőzi önmagát, azzal megújítja kapcsolatát Isten, és ítéletével befejeződhet büntetése! És akinek életének idejével többé válik az élet, az kizárólag Istenhez tartozhat! De az ember, csak tisztességessé válva győzheti le önmagát és újíthatja meg kapcsolatát Istennel! És aki ilyen jelentőssé változtatja életét, az Isten élőművét végzi! Akik pedig Isten élőművét végzik, azokat összegyűjtöm, mert teljesítették rendeltetésüket! És akik nem teljesítették, azoknak nem fejeződhet be büntetésük!

    M.23.9. Mert Isten, csak a megtisztult, tisztességes lelken keresztül nyilatkozhat meg újra az élet erejével! M.23.10. Isten, abban az időben térhet meg a világi életbe és nyilatkozhat meg az élet erejével az embernek, mikor az cselekedeteivel Istennel együtt harcol, mint örökbefogadottja! Annak, aki rendeltetésének megfelelően cselekszik, cselekedetei következményeként fog megnyilatkozni Isten, az örök élettel! Mert Isten, megnyilatkozik annak az embernek, akinek cselekedetei következményeként, fejlődik az élet! Az embernek, cselekedetei következményeként fogja bizonyítani létezését az Isteni hatalom! Mert a szellemi hatalom ítélete, megtestesül a kizárólag Istenhez tartozó, jelentőssé vált életében is, és a jelentéktelen életében is! M.23.11. Az ingatag embernek, cselekedeteinek következményeként a jelentéktelen élettel bizonyítja Isten, hatalmának létezését! A tisztességes léleknek, pedig úgy testesül meg életében a szellemi hatalom, hogy jelentőssé teszi életét! Mert a jónak, ígéri Isten: Te életed idején, kizárólag Istenhez tartoztál, ezért ünnep lesz életed! De aki ingadozik és késlekedik jóvá válni, annak nem lesz ünnep élete! M.23.12. Azon életének idejéig, míg meginog az ember és rosszul cselekszik, addig cselekedeteinek következményeként, a jelentéktelen élettel bizonyítja számára Isten, hatalmának létezését! A tisztességes, bűntelen embernek pedig, aki megújítja kapcsolatát Istennel, úgy testesül meg életében a szellemi hatalom, hogy jelentőssé teszi számára az életet! Aki az emberek közül a világ rendjében ártatlanul és bűntelenül tud élni, azzal Isten, ítéletével megújítja kapcsolatát és Istennel élhet! M.23.13. Az ember, életének eredményeként újíthatja meg kapcsolatát Istennel! Aki bölcs, az el tudja dönteni, hogy a mennytől vagy a világi élettől függ megvilágosodása! És aki nem, annak az örökbüntetés helyére száll lelke, míg meg nem tisztul és kizárólag Istenhez nem tartozik! Aki az emberek közül, Isten emberévé tud válni, az Isten ítéletével megújíthatja kapcsolatát Istennel! Mert akinek tisztességes és jó cselekedete, azzal az emberrel újítja meg kapcsolatát Isten és válhat eggyé Istennel, az élet erejével! És aki kigyógyul bűneiből és a bűntelenekhez tartozik, ahhoz a halhatatlanságot és bőséget rendeli! M.23.14. A bűn uralma alatt lévő embernek, ígéri Isten: Azon életed idején, amint elkezdesz megváltozni és fejlődik általad az élet, Isten ítéletétől eredő jókívánsággal élhetsz! De az a lélek, aki nem így él, ahhoz a szellemi hatalom megtestesüléseként, nem juttathatnak Isten kitűntjei életerőt! Mert Isten, azzal az emberrel újítja meg kapcsolatát, aki kitűntként harcol az élet ésszerű állapotáért! És aki így kitűnik, az a lélek soha el nem múlik, mert Isten kitűntjeivel békében élhet!

M.23.15. Amíg a bűn uralma alatt lévő ember késlekedik bölcsen élni, addig a bűn ereje lesz életére és környezetére hatással! De azon életének idejétől kezdve, hogy bölcsen él, annak ereje lesz hatással életére és környezetére, és attól az életidőtől fogva, kezdődik majd élete idejének ünnepe! Az ember életében, cselekedeteinek következményeként fogja bizonyítani az Isteni hatalom létezését! Aki meginog, annak a szellemi hatalom megtestesüléseként a jelentéktelen életet juttatja Isten! És aki nem inog meg, annak életét jelentőssé teszi! Mert az életed idejéül szentelt időszak az, mikor az Úr által kitűzött cél elérése érdekében, le kell győznöd önmagad bűneit és bűntelenné kell válnod! M.23.16. Az életének idejéül szentelt időszak alatt, a bölcs ember önmaga bűneinek legyőzésével meg tudja változtatni, hogy milyen erők uralják életét és környezetét! És abban az időben, mikor az ember kigyógyul bűneiből, megváltozik élete és viselkedése. Mert az ember, tisztességesen élve felelhet meg Isten céljainak, és újíthatja meg kapcsolatát Istennel! És ha ez teljesül, kezdetét veszi egy jobb élet! M.23.17. Bölcsességedtől függ életed békessége és Isten élőhelyére való jutásod is! Ha meginogsz, a bűn uralma alá kerülsz! Mert a bölcs ember életét a menny világosítja meg, a többi élete pedig a világi élettől válik függővé! Akik tisztességesek és uralni tudják erkölcsüket, azokkal többé válhat az élet! Mert Isten kinyilatkozta: A tiszta lélek energiájával fejlődik az élet, ezért az elszállhat az örökbüntetés helyéről! M.23.18. Aki a bűn uralma alatt lévő emberek közül, legyőzi önmaga bűneit és bűntelenül él, az ártatlanná válik az emberek között! És aki így él, azzal megújítja kapcsolatát Isten! Aki pedig Istennel él a világ rendjében az türelemmel várjon, mert élete meg fog változni! A bölcs ember, bűntelenné válva és tisztességesen élve, türelemmel várhatja Isten ítéletét, mert akivel többé válik az élet, az megújíthatja kapcsolatát az élő erővel! Az akaratos embernek pedig, ahhoz tisztességesen kell élnie és jól kell cselekednie, hogy megújíthassa kapcsolatát Istennel! Mert az ember, csak Isten ítéletével újíthatja meg kapcsolatát, az élő erővel! M.23.19. Tiszta élete eredményeként az Istentől elszakadt ember is megértheti a tökéletességet és megújíthatja kapcsolatát Istennel! A bölcs ember, ártatlanul tud élni a világ rendjében és élete elismeréséül, létrehozhatja a kapcsolatot Istennel! És aki Istennel él, az el is juthat Istenhez! M.23.20. De aki a kizárólag Istenhez tartozók közül, élete fejlődése közben megtéved, az élete eredményeként a bűn uralma alatt lévő emberek közé fog kerülni! Mert csak az tartozhat kizárólag Istenhez, aki tisztességesen él! A bölcs, kizárólag Istenhez tartozó lélek tisztessége és ártatlansága nem ingadozhat, különben életével nem válik többé az élet ereje! M.23.21. És akik életük idején kizárólag Istenhez tartoznak, azokat összegyűjtöm az örök életbe! Összegyűjtöm azokat, mert jelentőssé változtatott életükkel, többé válik az élet! Akik pedig kitűnnek az emberek közül azzal, hogy Isten élőműveként harcolnak az élet ésszerű állapotért a tisztességes életért, azok soha el nem múlhatnak, és soha nem szűnhet meg életerejük! Azok Isten kitűntjeként, békében élhetnek!

M.23.22. Az ember, csak cselekedeteinek következményeként, eredményeként kerülhet az örökbüntetés helyére, a világi életbe! És abban az időben, mikor bűntelenné válik az ember, akkor cselekedeteinek következményeként nem az örökbüntetés helyére, hanem a szabadság határára fog kerülni! Mert a bűntelen sorsát, Isten jókívánságával megváltoztatja! Az Istentől idegengedő, erkölcstelen embereket pedig, életük eredményeként nem gyűjti Isten élőhelyére, az életerő helyére! Csak a tisztességesen élőt engedi az örök életbe! M.23.23. Mert Isten a megtisztult, tisztességes lelken keresztül nyilatkozhat meg újra az élet erejével! M.23.24. És Isten megnyilatkozik: Az ember, önmaga bűneinek legyőzésével válhat Isten akaratának új megtestesítőjévé, harcolhat együtt Istennel és fogadhatja örökbe az élet erejét! És aki életének idején Isten akaratának új megtestesítőjévé tud válni, annak sorsában meg fog nyilatkozni Isten! De figyelmeztetlek: Ahhoz jól kell cselekedned, hogy kizárólag Istenhez tartozhass, hogy többé válhassak veled! Mert akik hozzám tartoznak, azokat áthathatja az élet ereje! M.23.25. A tisztességes ember újíthatja meg kapcsolatát Istennel és válhat Isten élőművévé! Akinek átalakulása jelentős változásokat hoz a világi életre, annak ítéletemmel befejeződhet büntetése! De aki nem válik tisztességessé, annak nem fejeződhet be büntetése! M.23.26. Mert Isten a megtisztult, tisztességes lelken keresztül nyilatkozhat meg újra az élet erejével! M.23.27. Az ember, önmegtartóztatással változtathat életén, válhat Isten akaratának új megtestesítőjévé! Így tudja megváltoztatni az ember és Isten közötti kapcsolatot és így tartozhat kizárólag Istenhez! És azokat, akikkel életük idején így többé válok, összegyűjtöm az örök életbe! Akikkel pedig nem válok többé, azok gyötrelmet okoznak lelküknek! Mert az embernek megítéli tisztességét Isten, és csak a tisztességessé vált újíthatja meg kapcsolatát Istennel! Ember, újítsd meg kapcsolatod Istennel! M.23.28. Cselekedj úgy életed idején, hogy meg tud változtatni a kapcsolatot az emberek és Isten között, hogy jelentőssé tudjon válni veled az élet, mert akkor, befejeződik büntetésed! De ha nem válsz tisztességessé életed idején, akkor nem tudod megváltoztatni a kapcsolatot az emberek és Isten között, és akkor nem szabadulhat lelked az örök életbe! M.23.29. És aki időben a rosszat nem szünteti meg életében, az a lélek gyötrelmet fog okozni magának! Az örökkévalóságban lévő helyért az harcol meg, aki időben, életének idején, kitűnik a bűnösök közül az Úr számára! M.23.30. Akik Isten kitűntjeivé váltak, azok is azzal tűntek ki életük idején az Úr számára, hogy bűntelenül tudtak élni és cselekedni! És aki hozzájuk hasonlóan kitűnik az Úr számára, az befejezve büntetését, elhagyhatja az idő fogságát, mert megharcolt az örökkévalóságban lévő helyért!

M.23.31. Életedet cselekedeteiddel változtasd jelentőssé, különben nem fejeződik be büntetésed! Az élet ésszerű állapotáért vívott harcoddal válj többé és tűnj ki, mert aki így kitűnik, az soha el nem múlik és Isten kitűntjeivel, békében élhet! M.23.32. Cselekedeteidre, sorsodban fog megnyilatkozni Isten! Aki cselekedeteivel Isten akaratának új megtestesítőjévé válik, annak sorsában úgy fog megnyilatkozni Isten, hogy az örökkévalóságban élhet! Aki pedig ennek ellenkezőjét cselekszi, az gyötrelmet fog okozni magának, mert sorsában az örökbüntetéssel fog megnyilatkozni Isten! Vajon a te cselekedeteidre, hogy fog megnyilatkozni Isten? Lelked sorsául, vajon az örökkévalóság vagy az örökbüntetés fog jutni? M.23.33. Mert Isten, csak a megtisztult, tisztességes lelken keresztül nyilatkozhat meg újra az élet erejével! M.23.34. Isten annak nyilatkozik meg, és az fogadhatja örökbe az élet erejét, aki önmagát legyőzve együtt harcol Istennel, mint Isten akaratának új megtestesítője! Mert aki önmagát legyőzi életének idején és tisztességesen él, az életével gyógyulást juttat a világi életbe! És annak, Isten megnyilatkozik: Békés cselekedeteiddel többé vált az élet! Ezért sorsod, hogy Istennel, az örök élettel élhetsz! M.23.35. Mert aki életének idején, élete jelentős változtatásával Isten élőművét tudja végezni, az kizárólag Istenhez tartozhat! És azokat összegyűjtöm az örök életbe, akik Isten élőművét tudják végezni, mert azokkal többé válik az élet! De akikkel nem válik többé, azoknak nem fejeződhet be büntetése! M.23.36. Aki az emberek közül, életének idején legyőzi önmagát és tisztességesen él, az beteljesítette rendeltetését! És az Isten ítéletével, életének idején megújíthatja kapcsolatát Istennel! Aki pedig megújíthatja az emberek közül kapcsolatát Istennel, az kizárólag azokhoz tartozhat, akikkel többé válik Isten! Megismétlem: Isten azokat az embereket gyűjti össze és azokkal újítja meg kapcsolatát, akik tisztességesek! Azoknak cselekedetükre, Isten ítéletével úgy nyilatkozik meg sorsukban, hogy véget vet büntetésüknek! És mindazoknak így nyilatkozik meg Isten, akik életük jelentős változtatásával Isten élőművét végzik! De akik nem változtatnak bűnös életükön, azoknak nem fejeződhet be büntetésük, mert nem végezik Isten élőművét! M.23.37. A tisztességes cselekedetűek sorsában, pedig úgy nyilatkozik meg Isten, hogy egybegyűjti őket azokkal, akik kizárólag Istenhez tartoznak! Isten vágyik arra, hogy az ember tisztességessé váljon, mert csak úgy újíthatja meg vele kapcsolatát és úgy tartozhat hozzá! És aki megújítja az emberek közül kapcsolatát Istennel, annak ítéletével az életet juttatja! Aki pedig az emberek közül, meg tudja újítani kapcsolatát Istennel, azt életerőssé teszi! De ezért az erőért az embernek, életének ideje alatt meg kell újítania kapcsolatát Istennel! Hogy lelke, életének ideje alatt Isten kitűntjeihez tartozhasson!

M.23.38. Ígéri Isten: Cselekedj tisztességesen és válj erényesé, legmélyebb részedig, lelkedig! Uralkodva magadon, válhatsz tisztességessé és kerülhetsz közelebb Isten kitűntjeihez! A tisztesség különleges képességével, kerülhetsz közel Istenhez! Határozd el és kövess, hogy közelebb jusson lelked az örök élethez! Minél közelebb kerülsz hozzám, annál jobban fogok megnyilatkozni sorsodban! M.23.39. De ahhoz, hogy a jelentéktelen lelkek között, Isten akaratának új megtestesítőjeként gyógyulást tudj juttatni a világi életbe, le kell győznöd önmagad és meg kell tisztulnod bűneidtől! Mert abban az időben, mikor tisztességesen és nem szégyellni valón cselekedsz, életed eredményeként fog megnyilatkozni sorsodban Isten az örök élettel! Életed idején, tiszta cselekedeteiddel győzheted le önmagad és hozhatsz harmóniát az életbe! Mert aki életének idején, így többé válva beteljesíti sorsát az egyensúlyba fog kerülni Istennel! És aki életének idején egyensúlyba tud kerülni Istennel, annak meg fog nyilatkozni az élettel! M.23.40. Jó életének eredményeként, életének idején szerezheti meg minden lélek a halhatatlan örök életet! Mert a bűneitől elgyengült lélek is megvilágosodhat és elérheti a halhatatlanságot, amint megtisztul bűneitől! A lélekben, akkor kezd el fejlődni az életerő, amint önmaga bűneit legyőzi és tisztességesen él! És örülhet az a lélek, aki életének idején az élet erejéhez, a halhatatlansághoz kötődhet! Mert annak a léleknek ígérem: Újjá fogsz születni az élet erejével! M.23.41. Te is cselekedj tisztességesen, hogy sorsodban neked is így nyilatkozhasson meg Isten! Mert aki önmagát legyőzi és tisztességesen tud cselekedni a világ rendjében, annak sorsában úgy fog megnyilatkozni Isten, hogy Isten kitűntjeként, Istennel élhet! Életed idején, önmagad legyőzésével és tisztességes cselekedeteiddel harcolhatsz az élet ésszerű állapotáért és válhatsz Isten akaratának új megtestesítőjévé! Mert annak a léleknek, aki így válik kitűnté, sorsában úgy fog megnyilatkozni Isten, hogy soha nem múlhat el életereje! M.23.42. Aki életének idején legyőzi önmagát és Istennel békében él, az már életében Isten kitűntjeivel élhet! Aki pedig régóta Isten ellen harcol, az addig fog ott élni, ahol él, míg Istennel békében nem él! M.23.43. Mert aki nem tűnik ki békés életével, az nem értheti meg a tökéletességet és nem élhet Istennel! Azt pedig már életében örökbe fogadja Isten, aki tisztességes életével harcol az örökbüntetés ereje ellen! És te is abban az időben juthatsz ki a világi életből az örök életbe, mikor tisztességesen élsz! M.23.44. És megnyilatkozik Isten: Bűneidtől való megtisztulásoddal és tisztességes életeddel harcolhatsz meg azért, hogy Isten örökbe fogadjon, hogy Isten élőhelyén élhess! Ha így cselekedsz, sorsodban meg fog nyilatkozni Isten!

24.

M.24.1. Mert ahhoz, hogy újra megnyilatkozhasson Isten az élet erejével, meg kell tisztulnod és tisztességessé kell válnod! M.24.2. Utasításomra, annak a becsületes embernek szakadhat félbe büntetése és juthat el az örökbüntetés helyéről, aki kizárólag Istenhez tartozva, együtt harcol Istennel az örökbüntetés ereje ellen! Aki az emberek közül nem gerjeszt magában heves érzelmeket, az szellemileg megvilágosodhat és megismerheti Istent! Az ember, élete eredményeként tartozhat kizárólag Istenhez és fogadhatja örökbe a halhatatlanságot! És aki mellőzi Istent, annak ítéletemmel, nem szakadhat félbe büntetése! M.24.3. Tisztán látom, hogy az örökbüntetésben ki válik tisztává, tisztességessé! És az Istennel békében élő ember, megértheti a tökéletességet, és a tiszta életű ember, közel kerülhet az élet erejéhez! Azt a lelket pedig, akinek élete eredményével többé válok, megerősítem, hogy soha el ne múljon, és szellemileg megvilágosítom, hogy megismerhesse Istent! A te sorsod is az, hogy harcolj a tisztességért az élet ésszerű állapotáért! És ha többé válok harcoddal, akkor egybegyűjtlek kitűntjeimhez! M.24.4. Tisztasággal és tisztességgel harcolj az örökbüntetés ellen! Mert csak a becsületes lélekkel válik többé, Isten! És aki növeli az örökkévalót, azt Isten is üdvözíti és megtérhet élőhelyére! M.24.5. Isten kinyilatkozta: A tiszta lélek szerezheti meg az élet energiáját! Az embernek, bölcsességével kell eldöntenie, hogy a mennytől vagy a világi élettől teszi függővé életét! Aki bölcsen, megvilágosodva dönt, annak elszállhat lelke a jelentéktelenektől! Aki pedig az örökbüntetés mellett dönt, azzal többé válnak a jelentéktelenek! M.24.6. A tisztességes lélek, az örökkévaló támasza! A bölcs, életének eredményével erősíti a bűntelen, harmonikus életet, az élet ésszerű állapotát! A becsületes ember az élet ésszerű támasza, a bűn uralma alatt lévő, pedig a bűnös életé! M.24.7. Becsületes cselekedeteiddel vállalj áldozatot az élet ésszerű állapotáért, hogy többé váljanak veled, Isten kitűntjei! De figyelmezteti Isten az embert: Aki pedig nem a tisztességes, hanem a bűnös élet uralmát erősíti, azzal az emberrel nem újítom meg a kapcsolatot! Annak ítéletemmel, az újjászületést ígérem! M.24.8. Mikor tisztességessé válsz az lesz életed idejének ünnepe, mert akkor kizárólag Istenhez tartozhatsz! Mikor megtisztulsz bűneidtől az lesz életed idejének ünnepe, mert akkor Isten élőhelye megerősít! És az a lélek, aki életének idején bűntelenné válva együtt harcol Istennel, az soha el nem múlik! Életed idején, térj meg és fogadd örökbe az Urat, hogy létrehozhassa veled a kegyelmi kapcsolatot!

M.24.9. Tisztán látom az emberek életének eredményét! Hogy ki késlekedik többé válni és ki az, aki örökbe fogadta az Urat és kizárólag Istenhez tartozik! Azokat az embereket, akik tisztességesek, tényleg elkülönítem Isten kitűntjeihez! Mert a tisztességessé váltakkal, megújítja kapcsolatát Isten! És akik utasításom szerint cselekednek, azok ítéletemmel, soha el nem múlnak! M.24.10. Azt az embert, aki az örökbüntetés helyén megtér és életével segíti az Urat, azt Isten, harcosának örökbe fogadja! Örökbe fogadja ahhoz a harchoz, ami által eljuthat az Úr jelenlétének titka az engedetlen és tisztátalan szellemek börtönében lévőkhöz! Örökbe fogadja harcosának ahhoz a küzdelemhez, ahol egymással szemben állnak az Úr örökbefogadottai, akik életükkel segítik az Urat és azok, akik Isten ellen harcolnak! M.24.11. Aki gyalázza azt, aki élete rendeltetésének megfelelően örökbe fogadja és harcával segíti az Urat, arra Isten, ítéletét helyezi és pusztulásra szánja! Mert Isten elrendelte: Akik megtisztulnak bűneiktől és tisztességesen élnek, azoknak az Úr, szeretetével biztosítja a békés életet! Mert csak az Úr bíráskodhat azok felett, akik igazzá váltak és kitűntek békés életükkel! M.24.12. Isten megnyilatkozta: Akik cselekedetükkel dicsőítik az Urat, azokat addig az időpontig védelmezem, amíg az örökbüntetés helyéről, Isten élőhelyére nem kerülnek! Elhatározásomra, a tisztességes emberek megismerhetik a létfontosságú igazságokat és önmagát Istent is! M.24.13. Mert a megtisztult és tisztességessé vált lelken keresztül nyilatkozhat meg Isten, az élet ereje! M.24.14. Az Úr jelenlétének titkához az kerülhet közel az emberek közül, aki hitével erősíti hatalmam! Aki súlyos csapást kíván másnak vagy rágalmaz másokat, azt nem juttathatják el Isten kitűntjei az életerő helyére! De elrendelem, hogy a jelentőssé

vált bűnteleneket összegyűjtsék és üdvözítsék!
M.24.15. Mert Isten, azokon keresztül
nyilatkozhat meg az élet erejével, akik Istennel
együtt harcolnak, mint örökbefogadottai!
Azokhoz pedig nem juthat el az élet ereje, akik
életük idején elszakadnak Istentől és a bűn
uralma van hatással életükre és környezetükre!
Azokra az emberekre, Isten ítéletét helyezi!
M.24.16. Az emberek, akik rendeltetésük
ellenére nem vállnak tisztességessé és
rágalmazzák a bűnteleneket, azok saját
pusztulásukat okozzák! Azok régóta ott élnek a
bűnösök között, akik idegenkednek attól, hogy
jelentősen megváltozzanak, mert azok saját
pusztulásukat okozzák! Ezért azokat,
értéktelennek nyilvánítom és megbüntetem!
Ahhoz, hogy az értéktelennek nyilvánítottak
eggyé válhassanak velem, a rendelkezésükre
bocsátott idő alatt kell tisztességessé válniuk,
különben büntetésemben részesülnek! M.24.17.
Az embernek, életének idején kell küzdenie
jelentőssé válásáért, különben pusztulását fogja
okozni! És a számára meghatározhatatlan,
büntetésében fog részesülni!

M.24.18. Aki életének idején megküzd,
jelentőssé válásáért és hűséges is marad ahhoz,
ahhoz az Úr is hűséges marad! Mert az Úr
elismeri a hűségest, a jót, a gonoszt pedig
megbünteti! M.24.19. Aki az életének idejéül
rendelkezésére álló pillanatot elvesztegeti, és
nem válik bűntelenné, az nem lehet az élet
erejének szövetségese! Aki pedig mindent
megtesz az Úrért, azért az Úr is mindent meg fog

tenni! És aki nem, az szorult helyzetbe juttatja magát! M.24.20. Ígéri Isten: Az a lélek, aki az engedetlen és tisztátalan szellemek börtönében Istenért harcol, attól a szorult helyzeteket és veszteséget, eltérítem! És figyelmezteti azt a lelket, aki az engedetlen és tisztátalan szellemek börtönében Isten ellen harcol: Ígérem, hogy kiterjesztem rád a szorult helyzeteket és veszteségbe juttatlak! M.24.21. Azt az embert, aki hűséges hozzám és küzd azért, hogy jelentősen megváltozzon és meg is változik, megjutalmazom! De azt az embert, aki ellenem küzd és a bűnhöz hűséges, megbüntetem! Mert aki nem változik meg jelentősen, az pusztulásának okozója! M.24.22. Isten, utasítja az embert: Alakítsd át bűnös életed, hogy többé válhasson veled az élet! És figyelmezteti Isten, kitűntjeit: Akik régóta bűnben élnek, azoktól idegenkedjetek! De álljatok rendelkezésére minden tisztességesen élőnek, akivel többé válik az élet! És juttassátok el őket oda, ahol ti is éltek, az örök életbe! M.24.23. Nyilatkozzatok meg annak és juttassátok ki a súlyos csapások közül azt, aki azért harcol, hogy megtisztuljon bűneitől! Mert az közel áll ahhoz, hogy Isten örökbe fogadja! Tegyetek meg mindent, hogy az Úr jelenlétének titkát megértse az, aki legyőzi önmaga bűneit és jelentősen megváltozik! És utasítlak benneteket, hogy lássátok el az Úr jelenlétének jelével az élet erejével azt, aki életének kellő pillanatában megtisztulva, tisztességesen él! Mert Isten, nem kíván mást tőletek, csak azt, hogy aki örökbe fogadja, és vele együtt harcol, azt juttassátok el az örök életbe!

25.

M.25.1. Mert Isten, a megtisztult, tisztességes lelken keresztül nyilatkozhat meg újra, az élet erejével! De azon nincs hatalma az örökkévalónak és az nem is juthat el az örökkévalóságba, aki nem él bűntelenül, mert azt az engedetlen és tisztátalan szellemek börtönének ereje lehúzza az élettelenek közé! M.25.2. Azon keresztül nyilatkozhat meg Isten az élet erejével, aki örökbefogadottjaként vele együtt harcol! Az ember, abban az időben juthat el a világi életből az örök életbe, mikor tisztességessé válik! Várom, hogy tisztességessé válj a világi életben, mert az lesz életed idejének ünnepe! M.25.3. Cselekedeteiddel nyilatkozol meg Istennek, azáltal dicsőítheted az Urat, kerülhetsz egyensúlyba Istennel és fejeződhet be életed a világ rendjében! A világi élet a te nevelésedre való! A világi életben kell harmóniába kerülnöd Istennel! Emlékeztetlek arra, amit elrendeltem: Életed eredményeként fejeződhet be büntetésed a világ rendjében, készítheted elő üdvösséged és juthatsz be az örök életbe! M.25.4. Amint legyőződ önmagad és Istennel élsz a világ rendjében, az lesz életed idejének ünnepe! Cselekedj tisztességesen, mert azzal változtathatod többé a világi életet, kerülhetsz egyensúlyba velem és ünnepelheted életed idejét! Emlékeztetlek rá, hogy a világi életet a te nevelésedre szántam! Amíg cselekedeteiddel úgy nyilatkozol meg, hogy azok nem válnak dicsőségemre, addig nem készítem elő üdvösséged és a világi életből nem juthatsz el hozzám! M.25.5. Ahhoz, saját erődből kell elválnod az örökbüntetés helyétől, a világi élettől, hogy Isten jókívánságával, életre keltsen! Az ember, cselekedeteinek következményeként válhat elválaszthatatlan részévé a világi életnek, az örökbüntetés helyének! És annak nem készítem elő üdvösségét, aki nem választja el magát a világi élettől, mert azzal nem válok többé! De akik egyensúlyba kerülnek Istennel a világ rendjében, azokat egybegyűjtöm az örök életbe! M.25.6. Úgy cselekedj, hogy a jót elismerem, és a gonoszt megbüntetem! És aki nem a világi élettől függ, hanem Isten imádatától, azzal az élet válik többé! És aki így igazzá válik, az ünnepelheti életének idejét, mert általa, életre kel Isten! Aki Isten számára cselekedeteivel kitűnik a világi életben élők közül, annak az embernek rendelkezésére áll Isten! És aki vonakodik ettől, annak nem! M.25.7. A hitetlennek, aki a világi élethez hűséges, annak is az a rendeltetése, hogy élete eredményeként többé váljon Isten számára, hogy kitűntjeivel élhessen!

M.25.8. De minél később győzi le önmagát az ember, annál erősebben fog hatni életére és környezetére a bűn uralma alatt lévő erő! Pedig a világ rendjében, csak önmagát legyőzve szerezheti meg az ember, Istentől az örök életet és ünnepelheti életének idejét! És amennyire le tudja győzni önmagát a világ rendjében, annyira fogja éltetni Isten az élet erejével! Aki le tudja győzni önmagát, az már a világ rendjében Istennel élhet és ünnepelheti életének idejét! A világ rendjében a bűntelennel válik többé Isten! És akivel többé válik az örökkévalóság, az örökké élhet! M.25.9. Jelzem, veszélyben állsz életed kezdetétől, életed befejezéséig! Addig, míg önmagad legyőzésével át nem alakítod életed és a jó nem válik élőerőddé! A jó, akkor válhat élőerőddé, mikor bűntelenné tudsz válni a világi életben! Jelzem, életed kezdetétől a befejezéséig kell megvalósítanod az ember és Isten közötti kapcsolatot, és Isten akaratának új megtestesítőjévé kell válnod! M.25.10. Életed átalakításával gyógyulj ki bűneidből és Istennel élve, különülj el a világi élet rendjétől! Mert elrendeltem Isten kitűntjeinek, ha élőerőddé válik a jó és Istennel élve a világ rendjében bizonyítod az Isteni hatalom létezését, akkor juttassanak el a világi életből, a korlátok nélküli életbe! Ragadjanak meg, ha többé válhatok veled és térjenek meg veled az örök élet helyére, ahol bőségben és békességben élhetsz! De addig, védelmezzék tőled Isten élőhelyét, amíg nem válsz bűntelenné, mert addig nem térhetsz meg a határtalan élet helyére! Akik Isten kitűntjeivé váltak, azok védelmezik Isten élőhelyét, az örökkévalóságot és a bőséges, és békés élet hatalmát! M.25.11. Azzal válhat többé Isten, akinek kigyógyulva bűneiből a jó válik életerejévé, mert azzal alakíthatja át a világ rendjét, a világi életet! És akinek cselekedete nem dicsőíti az Urat, az nem élhet Istennel, csak a világ rendjében! Mert az ember, cselekedeteivel nyilatkozik meg Istennek, aminek következményeként vagy elkerülhet az örökbüntetés helyéről, vagy nem! Elrendelem az embernek: Saját akaratodból válaszd el magad a világi élettől, hogy életre kelthesselek, hogy előkészíthessem üdvösséged! Mert addig, nem gyűjthetlek kitűntjeim közé! M.25.12. Amint a jó válik élőerőddé és életed eredményével többé válik Isten, akkor kizárólag Istenhez tartozhatsz! És aki a világ rendjében Istenhez tartozik, az rendeltetésem szerint, szabadságban élhet! M.25.13. Ha életed ideje alatt életerőddé válik a jó, akkor nem fogsz megragadni a világ rendjében, hanem megtérhetsz Istenhez az örök élet helyére! Ha pedig nem válsz bűntelenné, nem élhetsz Isten élőhelyén, hanem újra a világ rendjébe kerülsz! Ahhoz, hogy az Úr hatalmával védelmezzen, békességgel kell élned és bölcsen kell cselekedned! M.25.14. Aki életének idején lemond a tisztaságról, arról Isten kitűntjei is lemondanak! Mert csak a tiszta lélek lehet szövetségesem, a bűnös nem! Aki nem válik bűntelenné, az nem élhet szövetségesemként, mert eltér élete rendeltetésétől! És azt a megbízhatatlant, a jelentéktelenség szerzi meg!

M.25.15. A világ rendjében, jó cselekedeteddel nyilatkozz meg Istennek, hogy jelen lehessen életedben és az élő erejével éltethessen! Élj tisztességesen a világ rendjében, hogy megszerezhessen Isten, hogy Isten kitűntjeivel élhess! De amíg nem vagy bűntelen, nem lehetsz szövetségesem! Mert csak bűntelen, tisztességes életed eredményeként juttathatsz el a

világ rendjéből Istenhez és Isten kitűntjeihez!
M.25.16. Az harcolhat együtt Istennel és
kitűntjeivel, aki életével jelentős értéket tud
juttatni a világ rendjébe, aki az élettelen életet
jelentősebbé tudja tenni! Aki így él, azt
megszerzik Isten kitűntjei és Istennel élhet! És
aki nem így él, az a jelentéktelennél is
jelentéktelenebb élethez jut a világ rendjében!
Amíg az élettelen életért harcolsz, addig életed
eredményeként a jelentéktelennél is
jelentéktelenebb értékekhez juttatod magad!
Amikor pedig a bűntelenséget szerzed meg,
akkor eljuttatod magad Isten kitűntjeihez és
Istenhez! M.25.17. Életed idején, váltsd
tisztességessé életed, hogy helyes legyen Isten
iránti magatartásod, hogy az örök élettel élhess!
És amíg ettől eltérsz, és nem bízol meg bennem,
addig nem élhetsz örökké! M.25.18.
Meghatároztam: Aki életének idején
megvalósítja rendeltetését és a veszélyek ellenére
kitart mellettem, az örökké élhet! És aki
határozatom ellenére a világi életért harcol,
annak ott is kell élnie, míg be nem teljesíti
rendeltetését! M.25.19. Mert aki megfelelően él
és a veszélyek ellenére kitart a tisztességes élet
mellett, abban élete eredményeként, életre kel az
Úr! És aki nem, az a világi életben élhet!
M.25.20. Aki életének idején nem győzi le
önmagát és cselekedeteivel nem dicsőíti az Urat,
az élete eredményeként nem juthat el a világ
rendjéből és nem élhet Istennel, az élet erejével!
Te mire használod fel életed idejét? M.25.21.
Még ma kezd el harcod és válj bűntelenné, hogy
az Istentől eredő jókívánsággal útnak indulhass

az örök életbe! A világ rendjében, erkölcsösen élve kerülhetsz harmóniába Istennel! Mert aki így él a világ rendjében, abban élete eredményeként, életre kelhet Isten! M.25.22. Amint a romlott világban bűntelenné válsz, abban az időben beteljesíted életed! És abban az időben, életed eredményeként, meg fog szerezni Isten! Mert világi életük idején, Isten kitűntjei is életük eredményeként érkezhettek meg Istenhez az örökkévalóságba! Aki időben bűntelenné válik, az Isten jókívánságával élhet! De aki romlott marad, az nem! M.25.23. A világi életet jelentősen átalakíthatod, bűntelen életeddel! Mert az a jelentéktelen lélek, aki megtisztul bűneitől, az hozzám tartozhat és nem a világi élethez! Ne idegenkedj tőlem, tűnj ki életeddel és rendelkezésére állok! És aki a világi életben eljut hozzám, az soha el nem múlik! M.25.24. De az nem hódolhat be az élet hatalmának, aki a világi életben nem tud bűntelenné válni! Azt a bűntelent, akivel pedig többé válok, megszabadítom a világi élet erejétől!

M.25.25. Aki pedig életének idején lemond a tisztaságról és erkölcstelenül él, azt az élet hatalma nem fogadja örökbe, az örökkévalóságba! De abban az időben, mikor a bűn uralma alatt lévő ember bűntelenné válik, Isten kitűntjeivel és az Úrral élhet! Mert Isten megígérte: Az Úrnak van joga ahhoz, hogy a bűneitől megszabadult embert a jelentéktelen világi életben szabaddá tegye és onnan, nagyon nagy távolságra az örök életbe juttassa! De az a lélek, aki lemond a tiszta életről, az nem lehet az

Úr örökbefogadottja! M.25.26. Ahhoz időben kell megváltoznod és bűneidtől megszabadulnod, hogy ne maradj ismeretlen azelőtt, akinek joga van ahhoz, hogy szabaddá tegyen! Életed rendeltetése, hogy bűneidtől megszabadulj! Mert csak a tiszta lélek hódolhat be az Úrnak és válhat az élet erejének erősségévé! M.25.27. Ha az ember, életének idején lemond Istenről, akkor a bűn uralmának ereje lesz hatással életére és környezetére! És azzal, aki lemond a tisztaságról, nem válhat többé Isten élőhelye! Az ember rendeltetése, hogy erkölcsössé váljon, mert úgy érhet véget a bűnös világ hatalmának! És aki az Úrral él, azzal többé válhat az élet! M.25.28. Időben változz meg és térj vissza az erkölcsös, igaz útra, hogy megvalósíthasd rendeltetésed! Mert addig az ideig, míg lemondasz az Úrról, életed hatalma nem lehet tökéletes! De a bűntelenné vált, jó ember, megszerezheti Istentől az élet élő erejét! Mert akinek a világ rendjében a jó válik élő erejévé, az Istennel élhet! És annak, akivel többé válik Isten élőhelye, megállítom életének idejét és a világ rendjéből, a kötöttségektől mentes életbe juttatom! Aki pedig nem válik bűntelenné, azzal nem válhat többé az élet hatalma! És az ismét, a világi életbe juttatja magát! M.25.29. Ahhoz, hogy életed idején békességben élhess és eljuthass Istenhez, előbb meg kell világosodnod és el kell válnod a világi élettől! Ahhoz, hogy szabaddá válj és eljuss a mennybe, le kell mondanod a világi élet rendjéről és tisztán kell élned! Akkor vet véget büntetésednek a világi életben Isten és tesz szabaddá, ha befejezed bűnös életed! M.25.30.

De amíg életed idején nem válsz bűntelenné, addig Isten sem tehet szabaddá és nem érhet véget büntetésed a világ rendjében! Életed rendeltetése, hogy megvilágosodj és elválaszd magad a világi élettől! Azt az embert szerzi meg Isten élőhelye és élhet a menny békességében, aki kitűnik jóságával! És aki Istennel él a világ rendjében az soha el nem múlhat, mert annak megállítom életének idejét és megmentem az elnyomás alól! De aki nem, az nem élhet az élet erejével! M.25.31. Figyelmeztetem a jelentéktelen életű lelkeket: Változzatok meg, éljetek békességgel és váljatok el a világi élettől, hogy az örökkévalóság szabadságában élhessetek! A békesség erejével legyetek hatással a bűn uralma alatt lévő emberek életére és környezetére, hogy többé válhasson veletek az élet! Váljatok hasonlókká azokhoz, akiknek a jó vált élő erejükké, akik Istennel élnek a világ rendjében! Hogy szabaddá tehesselek a világi élet elnyomása alól, hogy Isten élőhelyére menekíthesselek!
M.25.32. Világosodj meg és erkölcsöd legyen megfelelő, hogy szövetségesemként a menny többé válhasson veled! Aki pedig a világi élet leszármazottai közül nem válik bűntelenné és nem él békességben, azzal az élet hatalma nem köt szövetséget! A világi élet leszármazottai, bármikor szabaddá válhatnak és megvilágosodhatnak, csak győzzék le bűneiket! És akikkel így többé válok, azok eljuthatnak a mennybe! M.25.33. De aki nem szabadul meg bűneitől, az nem is harcol meg az örökkévalóságban lévő helyért! És az nem is

menekülhet meg a világ rendjének elnyomása alól! Aki pedig lemond a bűntelen és békés életről, az nem élhet Isten szövetségeseként! Világosodj meg és a jó váljon élő erőddé, hogy az élet hatalmához, Isten élőhelyére kerülhess! Világosodj meg és élj bűntelenül, békességgel, mert azzal nem a világi élettel kötsz szövetséget, hanem a mennyel! A bűnös világi élet hatalma ellen, hogy ne az engedetlen és tisztátalan szellemek börtöne fogadjon örökbe, hanem Isten, saját magaddal kell megharcolnod! M.25.34. A világi élet addig fog nevelni, amíg meg nem világosodsz, és nem válsz bűntelenné! Harcolj bűntelenné válásodért, különben nem jutsz el a világi életből a mennybe! Mert aki az élet hatalmát választja a világi élet helyet, az soha el nem múlik! M.25.35. Ha életed idején helyre hozod hiányos erkölcsöd, akkor az örökkévaló hatalom örökbe fog fogadni, mert többé válik veled! Ha pedig beteges hajlamod megmarad, akkor ígérem, újra fogsz születni, mert idegen vagy az Úr számára! Ahhoz, hogy Istennel lehess, erkölcsösségeddel kell kitűnnöd a világi életben lévők közül! Különben csak azt ígérhetem számodra, hogy újra fogsz születni! M.25.36. Mert nem szerezhet az Úrtól életet az, akinek Isten iránti magatartása nem helyes! Aki életének idejét nem használja fel eredményesen, az nem lehet Istennel és nem élvezheti az örök életet! Aki pedig nem válik az Úr örökbe fogadottjává, annak az újjászületés ígéri! M.25.37. Életed ideje olyan érték, aminek eredményeként vagy hozzá jutsz az élet erejéhez, vagy nem! De ha nem jutsz hozzá, akkor nem is élvezheted annak előnyét! M.25.38. A tisztességes ember juthat ki az örökbüntetés helyéről, a világi életből, mert azzal válik többé az élet! És aki így él, az hozzájuthat az örök élethez! Aki pedig a világi élethez hűséges, az ahhoz juthat hozzá! M.25.39. Mert a hiányos erkölcsűnek, aki a rendelkezésére álló időben lemond a tisztaságról, annak újjá kell születnie! De az örök életet ígéri Isten annak, aki elválva a világi élettől az élet erejét szolgálja! És az a lélek, aki nem tűnik ki szolgálatával az ne is kívánja, hogy az Úr örökbe fogadja! M.25.40. Cselekedeteiddel úgy tűnj ki, hogy Isten a jót elismeri, és a gonoszt megbünteti! Aki jóságával tűnik ki a világi életben lévők közül, azzal többé válhatnak Isten kitűntjei! Akivel pedig többé válnak, annak rendelkezésére is állnak! És aki a világ rendjében életével segíti Istent, az rendelkezhet az élő erővel!

M.25.41. Minél később tisztulsz meg, annál később térhetsz meg az Úrhoz és annál később éreztetheti veled Isten, különleges képességét az örök életet! Akkor térhetsz meg az élet helyére, mikor életeddel az Isteni erőt közvetíted! Mert azok térhetnek meg az élet helyére, akik kitűnnek Isten számára! M.25.42. Isten kitűntjei, azokat az embereket szolgálhatjátok és juttathatjátok ki az örökbüntetés helyéről a világi életből, akik elválasztják magukat a világi élettől! De azok nem függhetnek az örök élettől, akik lemondanak a tiszta, bűntelen életről! M.25.43. Mert azokra nem terjeszthetitek ki az Isteni erőt, akiknek magatartása időben nem válik helyessé, akik szenvedést okoznak az életnek! M.25.44. Isten kitűntjei, az tűnjön ki számotokra az emberek közül és azt imádjátok: Aki igazként él! Az Istentől függ, mert azzal többé válik az örökkévalóság! Isten kitűntjei: Azt szerezzétek meg részemre, aki megharcolt azért, hogy Istentől függjön, mert azzal többé válhat az örökkévalóság! És aki az igazságtól függ, azzal többé válhat Isten! Aki pedig Istentől függ, az Isten imádatával élhet! M.25.45. Annak az embernek állhattok rendelkezésére Isten különleges képességével, az örökkévalósággal, aki kitűnik a világi életben lévő harcával és élete eredményével! De az nem szerezheti meg, aki vonakodik kitűnni az emberek közül és élete eredményével a világi élet válik többé! Mert ahhoz, hogy az ember hozzám tartozzon, kitűnté kell válnia! M.25.46. És az Isteni erő közvetítőjéhez, élete eredményeként harmóniát enged Isten! De aki késlekedik életét eredményessé változtatni és kitart bűnei mellett, azt nem fogadja örökbe Isten és ahhoz nem közvetíti az élet erejét! Az pedig soha el nem múlik, aki erejét megfeszítve megküzd bűneivel, mert az örökbe fogadhatja az örök életet! Aki ellenkezve Istennel, erejét nem az élethez közvetíti, és nem harcol azért, hogy életét jelentőssé változtassa, az nem fogadhatja örökbe az Isteni erőt! Ezért annak, az élet szenvedést fog okozni! M.25.47. Aki életének idején döntéseivel tűnik ki a világi életben lévők közül, azt az örök élet örökbe fogadja és megerősíti! Akinek pedig hiányos erkölcse, annak az örökbefogadás helyett, az újjászületést ígérem! Ha te lemondasz a tisztaságról és idegenkedsz a többé válástól, akkor lelkednek az újjászületést ígérem! Mert a világi életben, nem idegenkedned kell a szellemi hatalom megtestesítésétől, hanem azzal kell kitűnnöd, hogy életeddel annak megértését segíted! És ha idegenkedsz ebben kitűnni, akkor lelkednek az újjászületést ígérem! M.25.48. Isten, annak a léleknek ígéri az újjászületést, aki lemond a tisztaságról! Mert csak a bűntől megszabadult lélekkel válik többé! A bűneitől bárki megszabadulhat, önmaga legyőzésével! Aki pedig megharcol bűneivel, az megharcol az örökkévalóságban lévő helyért is! És az örökbe fogadhatja az örök életet!

M.25.49. Érd el a jelentős életet! A jelentős életet úgy érheted el, hogy megszabadulsz bűneidtől! Mert annak a léleknek, aki kitűnik azzal, hogy megszabadul bűneitől, annak joga van ahhoz, hogy az Úr örökbefogadottjaként az élet erejével éljen! De ahhoz, hogy megvalósíthasd életed rendeltetését és testileg, lelkileg, egyensúlyba kerülhess az élet erejével, időben meg kell szabadulnod bűneidtől!
M.25.50. Hogy Isten kitűntjeivel élhess, cselekedeteiddel úgy nyilatkozz meg Istennek, hogy azok, az Úr dicsőségére váljanak! Úgy cselekedj, hogy Isten a jót elismeri, és a gonoszt megbünteti! Mikor a jó válik élőerőddé, onnantól kezdve élhetsz Istennel a világ rendjében! Mert a világ rendjéből azt az embert szerezheti meg az

Úr, aki rendeltetésének megfelelően megváltozik! És az a lélek, aki lemond a bűntelen életről, az lemond arról is, hogy Istennel éljen! Mert a világ rendjében, a bűntelen élet olyan érték, ami által Istennel élhetsz! Élj tisztességesen, hogy többé válhassanak veled Isten kitűntjei! Mert annak a tisztességesnek, akivel többé válnak, rendelkezésére állhat az örökkévalóság! M.25.51. Amíg életeddel, rendeltetésednek megfelelően megtestesíted a szellemi hatalmat, addig a világ rendjében Istennel élhetsz! Időben szabadulj meg bűneidtől és válj erkölcsössé, hogy életed értékeként, megszerezhessen az Úr! Ha pedig ellene harcolsz, akkor életed eredményeként az élettelenek szereznek meg! M.25.52. Azon életed idejéig, míg ellenkezel az ellen, hogy a jó váljon élőerőddé, addig nem élhetsz Istennel, csak a jelentéktelen világi életben! Abban az időben élhetsz Istennel, mikor a világ rendjében, cselekedeteiddel az Urat dicsőíted! Isten, meg fog nyilatkozni életedre! Amíg az élettelen életért harcolsz, addig újra fog kezdődni életed időszaka és nem élhetsz Isten kitűntjeivel! Amint megszabadulsz bűneidtől, Isten kitűntjeivel élhetsz és megtérhetsz az élet helyére! Mert az Úr, a jót elismeri, és a gonoszt megbünteti! M.25.53. Élj Isten kitűntjeivel a világ rendjében, és Istennel élhetsz! Mert ígéri Isten: Azon lelken keresztül közvetítem az Isteni erőt és annak állok rendelkezésére, akivel többé válok a világ rendjében! Akivel pedig nem válok többé, az nem élhet Istennel! Arra a szenvedés terjedhet ki! Ezért úgy cselekedj, hogy a jót elismerem, és a gonoszt megbüntetem! M.25.54. Ha nem valósítod meg időben, amit elrendeltem: hogy szabadulj meg bűneidtől és a jó váljon élő erőddé, akkor nem élhetsz Istennel és az ő különleges képességével! Aki pedig nem él Istennel, az nem menekülhet el a világ rendjének elnyomása alól, Isten élőhelyére! Ezért válj hasonlóvá azokhoz, akik az Úrral élnek! M.25.55. Harcolj együtt Istennel, mint örökbefogadottja, hogy az örök élettől függj! Mert azok az emberek függhetnek az örök élettől, akik kijutottak az örökbüntetés helyéről, a világi életből! A te életed, vajon kijuttat az örök életbe?

26.

M.26.1. Cselekedeteid ne azt a világot
segítsék, amelyik élettelenné alakítja lelked,
hanem azt, amelyik az Úr jelenlétének jelével, az
életerővel jelöl meg! Ne az élettelen lelkekhez
légy hűséges, hanem Istenhez! Életeddel ne a
világi életnek tégy bizonyságot, hanem Isten
élőhelyének! Ha nem élsz tisztességesen, akkor
nem fogadhatja be lelked az örök életet! M.26.2.
Az örök életért úgy harcolhatsz meg, ha
tisztességesen élsz! És amikor kizárólag Istenhez
tartozol, akkor nagyra becsülése jeléül, hozzád
rendeli az Úr, az örök életet! És az lesz életed
idejének ünnepe, mikor az örök élettel élhetsz!
M.26.3. Mert meghatároztam az embernek: Élj
és viselkedj tisztességesen, és örök időkig
élhetsz! Aki utasításomnak megfelelően
eredményessé teszi életét, azt megerősítem az
örök élettel! M.26.4. Isten döntése: Ha életed,
kitűntjeim eredményesnek ítélik, akkor a világi
életben, jókívánságukkal hozzájuthatsz a
szabadsághoz! És akinek azt megítélik, azt az
örökkévalóságba, a halhatatlanságba is
eljuttatják! M.26.5. Bizonyítsd az Isteni hatalom
létezését, hogy az Isteni szellem a te lelked is
átalakíthassa! Amint bizonyítod az Isteni
hatalom létezését, üdvösségben és védelemben
élhetsz! És aki az Úr üdvözítésében és
védelmében élhet, azt egybegyűjti kitűntjeihez!
Cselekedeteiddel úgy nyilatkozz meg Istennek,
hogy azok dicsőítsék az Urat! A bűn uralma alatt
lévő emberek között, minden veszély ellenére

tarts ki a bűntelen, békés élet mellett, hogy az Úr,
a világi életben az örökkévaló élettel éltethessen
és egybegyűjthessen kitűntjeihez! M.26.6. De
ahhoz, hogy a világi életben nyugodt, viszály és
háború nélküli állapotban élhess, el kell jutnod
hozzám! Abban az időben érkezhet el ez a
pillanat, mikor életed jelentősen átalakítod és
legyőzöd magadban a rosszat! De aki a hitetlen
világi életben nem győzi le önmagát, és akinek
nem helyes Isten iránti magatartása, annak nem
fejeződhet be büntetése és nem térhet meg a
világi életből, Isten élőhelyére! M.26.7. Ezen
felül, aki nem győzi le önmagát és szemben áll a
tiszta, bűntelen élettel, az ne várja sorsának
megváltozását, és azt se, hogy lelke eljusson az
örökbüntetés helyéről! M.26.8. Az
örökkévalóságban lévő helyért, meg kell
harcolni! Azért át kell alakítanod életed és ki kell
gyógyulnod bűneidből! Élj bűntelenül, hogy
követhesd az Urat, hogy szabaddá válhass!
Önmagad legyőzésével változhatsz bűntelenné és
segítheted lelked keresztüljutni az örökbüntetés
helyén! De amíg szemben állsz az Úrral, addig
sorsod nem változhat!

M.26.9. Megváltozásoddal juthatsz el oda,
hogy magadhoz hasonlót hozva létre, gyarapítod
kitűntjeimet! És aki engem gyarapít, azzal
létrehozom a kegyelmi kapcsolatot és
egészségessé teszem őt! M.26.10. Mert az
hosszabbnál hosszabb ideig létezhet, aki életének
idején éltet! De olyan lélek, hosszú ideje nem
volt már, aki életével éltetne! Pedig vágyok az

olyan lélekre, akit kivihetek az örök életbe!
M.26.11. Mert azt az engedetlen és tisztátalan
szellemek börtönéből az örök életbe juttatom!
Aki pedig nem él velem békességben és elutasít,
az nem juthat hozzá az örök élethez, az életet adó
erőhöz! M.26.12. Annak az embernek, életével
és viselkedésével az engedetlen és tisztátalan
szellemek börtöne válik többé! És akinek
életével az örök élet válik többé, azzal kitűntjeim
gyarapodhatnak! M.26.13. Azt az embert
juttatom ki az örökbüntetés helyéről, a világi
életből az örök életbe, aki tisztességesen él! Aki
elválasztja magát a világtól és nem kerül bűnbe,
annak élete eredményével többé válhat Isten! És
aki nem él becsületesen, az nem tartozhat
hozzám! Az embernek, uralkodnia kell
viselkedésén, életén! M.26.14. Aki időben nem
válik bűntelenné és nem hisz Istenben, azt
utasításomra nem üdvözíthetik, kitűntjeim!
M.26.15. Mert aki időben nem fogadja el, amit
meghatároztam részére, azon nem tud keresztül
áramolni az életet adó erő, a megrontott világba!
Isten, meghatározta kitűntjeinek: Aki időben nem
testesíti meg, amire a szellemi hatalom utasította
és nem tudja létrehozni a kegyelmi kapcsolatot
velem, abba nem áramolhat az örök élet! Az
élhet az örök élettel és az szabadulhat Isten
élőhelyére, aki életének idején eggyé tud válni az
örökkévaló erővel! M.26.16. És ígéri Isten:
Tudni fogja az a lélek, akit megerősítek az örök
élettel! A bűntelen élete dicsőséges irányt fog
venni, a bűn uralma alatt lévő ember élete, pedig
nagyon rossz irányba fog térni! Akinek létezése
értékes az élet számára, az ítéletemmel

birtokolhatja a dicsőséges megbízatást! A rossz úton lévőnek, aki szenvedélyeivel elemészti jövőjét, pedig a veszélyeket ítélem! Aki bűntelen cselekedeteivel dicsőíti az Urat, azon keresztül megnyilatkozhat Isten az életet adó erővel! Aki pedig szemben áll az Úrral, az nem érhet célba nála! Te vajon elenyészel? M.26.17. Élj és cselekedj bűntelenül, hogy rajtad keresztül kiterjedhessen Isten ereje a bűn uralma alatt lévő emberek közé! Mert az Isteni erő közvetítésével, megváltoztathatod sorsukat! De arra a lélekre, aki ellenkezik ez ellen, a rossz fog kiterjedni! És aki a bűnös emberek közül, életének idején nem változtatja meg jelentősen életét és cselekedetét, az nem menekülhet hozzám és nem követhet az örökkévalóságba!

M.26.18. Aki késlekedik utasításomnak megfelelően legyőzni önmagát és nem változik bűntelenné, azt erősen megbüntetem! Életed ideje nem azért van, hogy Istentől elszakadj, hanem azért, hogy eggyé válhass vele! M.26.19. Figyelmeztetem mindazokat, akik kitartanak az öntelt, rossz énjük mellett, hogy testüket meggyengítem! Azokat pedig, akik Istennel békében élnek, megerősíthetik Isten kitűntjei! Figyelmeztetek mindenkit, hogy a világi életet a sötét és nyers és erők uralják! Isten élőhelyét pedig, Isten kitűntjei és az élet uralja! M.26.20. Aki nem változik meg a világi életben, az nem érhet célt Istennél! És aki élete eredményeként nem jut el az Úrhoz, az nem juthat hozzá az élethez sem! Mert a világi élet, nem tehet benneteket egészségessé és halhatatlanná, csak jelentéktelenné! M.26.21. Aki az emberek közül, életének idején nem szándékozik bűntelenül cselekedni, az szemben áll az Úrral! Az önmagával folytatott küzdelemben az embernek le kell tudnia győzni önmagát és bűntelenné kell válnia, különben elszakad Istentől! M.26.22. A hitetlenek közül az indulhat útnak a szabadságba és fedezheti fel az életet, aki magában a rosszat megszünteti és hűséges marad a bűntelenséghez! Az élettelen, bűnösök közül az szerezheti meg Istentől az élet hatalmának különleges képességét, aki többé, bűntelenné tud válni! M.26.23. Aki az emberek közül, értékessé tudja változtatni életét és cselekedeteit, azt időben megváltom az örökbüntetés helyéről! Aki pedig élete idején szemben áll velem, az nem válhat szabaddá! M.26.24. Az Istentől elszakadt ember is megértheti a tökéletességet és élhet örökké, ha önmaga bűneit legyőzve él és cselekszik! M.26.25. A bűn uralma alatt lévő embernek ígéri Isten: Ha legyőzöd önmagad és bűntelenül élsz, akkor eljuthatsz a bűn uralma alatt lévő emberek közül a mennybe! Ha pedig nem élsz bűntelenül, akkor büntetésül a világi életbe kerülsz! És ígéri Isten: Abban az időben indítom el hozzád Isten kitűntjeit, hogy megvilágosítsák elméd, mikor bűntelenül élsz! De addig, nem juthatnak hozzád, míg vágyaid emésztenek, míg szemben állsz hatalmammal! Életed idején kell megharcolnod azért, hogy létrehozzam veled a kegyelmi kapcsolatot, hogy kitűntjeimhez gyűjtselek! Ha nem hozod létre velem a kapcsolatot, életeddel büntetlek meg! M.26.26. Isten kinyilatkozta: Az engedetlen és tisztátalan szellemek börtönében, annak az embernek állhatnak rendelkezésére az Úr segítői, aki időben meg tud tisztulni a bűn uralma alól! De próbára teszem a bűn uralmát megváltoztató embert, hogy valóban megváltoztatta-e életét! És ha valóban bűntelenné változtatta életét, akkor megítélem annak a léleknek az Isteni szellem energiáját, az élet erejét! Még ma változtass bűnös életeden, hogy eljuthass a bűn uralma alól az élethelyére, az Úrhoz! És aki a bűnnek hódol be, azt az emberi élet várja, aki pedig az Úrnak, azt az örök élet!

M.26.27. Aki életének idején megteszi, amire utasítottam és cselekedeteivel bűntelenné válik, azzal nem állok szemben! Aki pedig nem erre használja idejét, annak ígérem: Az emberekhez fogsz újjászületni! M.26.28. Szomorkodhat a bűn uralma alatt lévő ember, akinek élete és viselkedése szemben áll az örök élettel! Mert aki az emberek közül, Istentől elszakadva él és cselekszik, azokat megbüntetem! És aki legyőzi önmaga bűneit, az megértheti a tökéletességet! M.26.29. Úgy élj, hogy a bűn uralma alatt lévő emberek közül, örökbe fogadhasson az élet! Élj igazként, hogy a bűn uralma alatt lévő emberek helyett, Isten imádatával élhess! M.26.30. Azzal válhatsz dicsőségessé és birtokolhatod az Isteni megbízatást, ha megszünteted magadban a rosszat! Ha pedig hűséges maradsz a bűnhöz, akkor az örökbüntetés helyére juttatod magad! Ha viszont Istent segítségére vagy, akkor kiterjeszti rád az élet erejét és az örökkévalóságba juttat! Mert a bűn uralma alatt lévő ember is változtathat sorsán és megváltoztathatja életét! De amíg az ember nem gyógyul ki a bűn uralma alól, addig nem élhet az örök élettel, mert megrontaná az életet adó erőt! Addig az embert, az élettelenek uralják! M.26.31. Világosodj meg és tiszta életeddel győzd le az élettelen világi élet hatalmát, hogy kizárólag Istenhez tartozhass, hogy a mennyben élhess! Ha cselekedeteiddel nem válsz többé, tökéletessé, akkor nem újíthatod meg kapcsolatod Istennel! A jó ember, értékes az Úr számára, mert az növeli az élet erejét! M.26.32. Abban az időben, mikor az ember tiszta életével legyőzi a világi élet erejét és kiterjed rá az életerő, elcsodálkozik azon, hogy addig miért állt szemben az Úrral! M.26.33. Akik legyőzték önmagukat és kitűntek tiszta, bűntelen életükkel, azok kijuthatnak az engedetlen és tisztátalan szellemek börtönéből, a mennybe! De azok a bűnösök, akikkel az élettelen világi élet hatalma válik többé, nem követhetik a megvilágosodottakat az örök életbe, mert azok elveszítik életük! Amíg nem válnak bűntelenné, addig az élettelen világ hatalma fogja uralni életük! M.26.34. Amíg nem válsz bűntelenné és az élettelen világi élet javai élvezettel töltenek el, addig az élet hatalma, nem ünnepelheti életed idejét! Az Úr arra vár, hogy bűntelenné válásoddal állj szembe a világi élettel, mert akkor az örökkévalóság válik veled többé és nem az örökbüntetés helye! Így harcolj a világi élet ereje ellen, hogy elérkezhessen életed idejének ünnep,

hogy az örökélet javait élvezhesd! M.26.35.
Abban az időben terjedhet ki az életerő az
örökbüntetés helyére, mikor a bűnösök
bűntelenné válnak, mikor az élettelenek
megharcolnak az élet hatalmáért, az
örökkévalóságért! Várom azt az időt, mert az
lesz az élet ünnepe! Te nem várod ezt az időt?

M.26.36. Annak az embernek állítom meg
életének idejét, akinek cselekedetei
eredményesek az örökkévalóság számára! Az
pedig félelmet érezhet, aki harcol a bűntől való
megtisztulás ellen és cselekedetei szemben
állnak az Úrral, mert az nem az örök élethez jut
hozzá, hanem a világi élethez! Az önmaga bűneit
legyőző embert, megmenti Isten mennyei
hatalma gyengéd együttérzésével és
halhatatlanná teszi, de akinek életével és
cselekedeteivel elégedetlen, az a lélek nem
menekülhet Isten kitűntjeihez! Ahhoz az
embernek, életének ideje alatt jelentősen meg
kell változnia, hogy az örökkévalóságba
kerülhessen! Mert aki időben nem változik meg,
annak sorsa sem változhat! M.26.37. Az
örökkévaló, követi az emberek életét és
cselekedeteit és annak a léleknek, aki jelentősen
megváltozik, megváltoztatja sorsát kitűntjeivel!
De annak a léleknek nem változtathatnak sorsán,
aki nem győzi le önmagát és szemben áll az
élettel! Ne térj el rendeltetésedtől és bizonyulj
igaznak, hogy többé változhasson életed!
M.26.38. Mert megítéllek téged! És ha nem

talállak tisztának, akkor az engedetlen és
tisztátalan szellemek börtönében maradsz! Ha
pedig bűntelenként szemben állsz a világi élettel,
akkor kitűntjeimhez juttatlak! M.26.39. Annak az
embernek állítom meg életének idejét, aki az
örökkévalóságban lévő helyért megharcol! Aki
pedig szemben áll az Úrral és a rosszat erősíti a
világi életben, annak elfonnyad élete! Mert aki
rosszul cselekszik, az elfonnyasztja életét és nem
élhet örökké! M.26.40. Az ember, életének
idején cselekedeteivel tehet bizonyságot az
Úrnak! Abban nem bízhat meg az Úr, aki
helytelen viselkedésével szemben áll vele! És aki
helytelenül szemben áll az Úrral, arra nem
bízható az örök élet! M.26.41. Abba az emberbe
juttatja be az Úr, az örök életet, aki életével és
viselkedésével bizonyítja, hogy megértette a
tökéletességet! Az pedig szemben áll az Úrral,
aki nem tisztulva meg bűneitől, magát
lealacsonyítva él és cselekszik! Addig az ideig,
nem értheti meg a tökéletességet az ember, míg
szemben áll az Úrral és a világi élethez kötődik!
És az ember, addig nem élhet szabadságban,
nyugodt, viszály és háború nélküli állapotban,
míg elszakad Istentől! Mert aki a világi élethez
kötődik, az oda is kényszerül vissza! M.26.42. A
bűneitől megszabadult ember, Isten
gondoskodásával élhet! Gondoskodni fog arról
Isten, hogy a gonoszság ne tudja megragadni azt,
aki létre tudta hozni vele a kegyelmi kapcsolatot!
És örülhet az, akivel létre tudta hozni a kegyelmi
kapcsolatot Isten, mert az örök élet, életerejével
élhet! Gondoskodni fog arról az emberről is
Isten, aki szeretettel és békességgel, létre tudja

hozni a kapcsolatot a szellemi egységgel! Mert aki a világi életben az emberek közül világosságban tud járni, az Isten kegyelmével az örök élet erejével élhet!

M.26.43. Amíg a bűnös világi élet javainak élvezete után vágyakozol, addig az élet hatalma az örök élettel, nem térhet meg hozzád és élettelen maradsz! Mert az élet hatalma, ahhoz az élettelenhez érkezhet meg, aki lecsillapítva vágyait, megszünteti magában a bűnt! Élj viszály és háború nélkül, hogy elérkezhessen életed idejének ünnepe! Mert meghatároztam: Amíg a bűnhöz kötődik az ember, és megrontja magában az életet adó erőt, addig Istentől elszakadva él! És amíg nem tud megszabadulni a bűntől, addig szenvedést fog okozni magának! Aki pedig határozatom ellen cselekszik, az nem fogadhatja el az örök életet! M.26.44. Ne utasítsd el Istent és időben válj többé, hogy újjászületve, szembe tudj állni a világi élet erejével! Ígérem: Aki időben nem válik bűntelenné, azt nem fogadja el Isten, mert azzal nem válhatnak többé Isten kitűntjei! Élj tisztességesen, hogy létre hozhassa veled Isten élőhelye a kegyelmi kapcsolatot, hogy megtestesülhessen benned a szellemi hatalom ereje! Mert a tisztességes lelket szabadíthatja fel Isten, és juttathatja hozzá az örök élethez! M.26.45. És ezen felül: Annak az embernek gondoskodhat Isten az élete erejéről és juttathatja ki az örökbüntetés helyéről, a világi életből, aki bűntelenül élve, létre tudta hozni vele a kegyelmi kapcsolatot! Mert ígéri Isten: Aki kitűnik az emberek közül tisztességes életével, az a lélek örökké élhet, mert azzal többé válik az élet! M.26.46. Meghatározta Isten: Azok, akik utasításaimnak és rendeltetéseimnek megfelelően változtatnak életükön, az engedetlen és tisztátalan szellemek börtönéből, Isten élőhelyére juthatnak! A tisztességes léleknek alkalmasak a cselekedetei arra, hogy az engedetlen és tisztátalan szellemek börtönében, Istennel együtt harcolhasson! Aki utasításaimnak és rendeltetéseimnek megfelel, azt örökbe fogadom, nehogy az engedetlen és tisztátalan szellemek börtönének ereje lehúzza a bűnösök közé, az élettelenségbe! De aki nem tisztul meg bűneitől, ahhoz nem juthat el az örökkévaló! És akihez nem jut el, annak életén sem lehet hatalma az örökkévalónak!

27.

M.27.1. Ahhoz, hogy Isten az élet ereje, újra megnyilatkozhasson, meg kell tisztulnod és tisztességesen kell élned! M.27.2. Hogy Isten megnyilatkozhasson neked, Istenhez kell tartoznod és együtt kell harcolnod vele, mint örökbefogadottja! Azon életed idején tartozhatsz kizárólag Istenhez, mikor tisztességes életeddel dicsőíted az Urat! A tisztességes embernek, ígéri Isten: Egyedivé teszlek az élet erejével! M.27.3. Mikor bölcsen eltérsz a világ rendjétől és életed Isten dicsőségére válik, abban az időben örökbe fogadhatod az Urat! A világ rendjében lévőknek, arra biztosítja életük idejét Isten, hogy kigyógyuljanak bűneikből, hogy bölcsé változzanak, hogy változásukkal létre hozzák az egyensúlyt Istennel! Azok tartozhatnak kizárólag Istenhez és élhetnek Isten jókívánságával, akiknek tisztességes élete az Úr dicsőségére válik! M.27.4. Nagyon kevés ember tudja az Urat segíteni azzal, hogy időben tisztességessé válik! De akinek élete Isten dicsőségére válik, az Isten jókívánságával élhet! M.27.5. A világ rendjében, arra biztosítja életed idejét Isten, hogy bűneidből kigyógyulj, hogy bölcs cselekedeteiddel megváltoztasd a világ rendjét, hogy Istennel élj! Abban az időben pedig, mikor hazug életed igazzá változtatod és bölcs cselekedeteid Isten dicsőségére válnak, Isten jókívánságával örökbe fogad és eljuttatja hozzád különleges képességét az élet erejét! Mert a tiszta lélek, Isten imádatával és jókívánságával élhet! M.27.6. Az a lélek válhat Isten akaratának új megtestesítőjévé és élhet Istennel, aki életének idején kigyógyul a világ rendjének bűneiből! Abban az időben fogadhat örökbe Isten és éltethet jókívánságával, mikor kigyógyulva bűneidből, igazként és bölcsen cselekedsz! Amint erkölcsös életed és bölcs cselekedeteid Isten dicsőségére válnak, Isten imádatával és jókívánságával élhetsz! M.27.7. Isten, minden léleknek időt biztosít arra, hogy a világ rendjében változtatni tudjon életén, hogy egyensúlyba tudjon kerülni Isten élőhelyével! És aki időben változtat életén és kigyógyul bűneiből, azt az Úr örökbe fogadja és jókívánságával élteti! De ritka az olyan ember, aki időben át tudja alakítani életét, aki bűntelenné tud válni! Ahhoz, hogy Isten dicsőségére váljon életed és Isten jókívánságával élhess, életeddel az Úr segítségére kell lenned!

M.27.8. Kevés lélek tud időben bizonyságot tenni arról, hogy kizárólag Istenhez tartozik! De aki időben kizárólag Istenhez tud tartozni, annak dicsőítik életét Isten kitűntjei! Azok tartozhatnak kizárólag Istenhez és élhetnek dicsőségben, akiknek tisztességes élete, Isten dicsőségére válik! Mert megígérte Isten: Aki megvalósítja élete rendeltetését, azzal megnöveli Isten kitűntjeit! M.27.9. És figyelmeztet: Az embernek ahhoz, hogy megújíthassa kapcsolatát Istennel, időben tisztességessé kell válnia! Aki pedig hűséges marad rossz tulajdonságaihoz, az ismeretlen marad Isten és kitűntjei számára! A tisztességes tartozhat kizárólag Istenhez és válhatnak vele többé kitűntjei! Mert az válhat követőmmé és juthat el hozzám, aki tisztességessé tud válni és hűséges is tud maradni ahhoz! M.27.10. Az nem juthat Isten kitűntjeihez, aki az aljas életet választja, az értékes élet helyett! Aki az értékes idejét nem arra használja, hogy eltérjen az aljasságtól és Istenhez legyen hűséges, az nem válhat Isten kitűntjévé! Mert aki az aljasságot választja és ahhoz hűséges, azzal az aljasság válik többé! De aki az értékes életet választja, az kizárólag Istenhez tartozhat! M.27.11. Akik nem válnak tisztességessé és a bűnhöz hűségesek, azokkal nem újítja meg kapcsolatát Isten! De aki az emberek közül bizonyságot tud tenni Istenhez való hűségéről, annak lelke a meghatározhatatlan, végtelen időhöz tartozhat! M.27.12. Aki az aljasok közül, kizárólag Istenhez akar tartozni, annak úgy szükséges értékessé alakítani életét, hogy az Isten dicsőségére váljon! Mert kizárólag az tartozhat Istenhez, aki a rendelkezésére álló pillanat alatt az élet dicsőségévé tud válni! Ahhoz, hogy az élet ereje többé válhasson veled, szükséges, hogy életed az Úr dicsőségére váljon! M.27.13. Életed idejét azért juttattam számodra, hogy megszabadulj bűneidtől! Rendeltetésed, hogy kigyógyulj bűneidből és életeddel Isten dicsősítsd! Mert az juthat el Isten élőhelyére és tartozhat hozzá, aki rászánja magát a bűntelen életre! M.27.14. Ahhoz, hogy életed idején megdicsőítsen az Úr és kizárólag hozzá tartozhass: El kell különülnöd az aljasságtól, békességgel és tisztességesen kell élned! És amennyire el tudsz különülni a bűntől, és amennyire cselekedeteid Isten dicsőségére tudnak válni, annyira tartozhatsz Istenhez! És annyira is állítja meg életed idejét az élet ereje! M.27.15. Azt az embert szabadítja meg az Úr, aki életének idején elkülönülve a bűntől, békés és tisztességes életével, bizonyítani tudja az Isteni hatalom létezését! Egy lélek élete, abban az időben válik eredményessé, értékessé, amint kigyógyul bűneiből! És aki így dicsőségessé válik, az hozzá juthat az élet erejéhez!

M.27.16. Aki életének idején el tud különülni a bűnös, jelentéktelen élettől a tisztességes élethez, az megismerheti a szabadság hatalmát! Abban az időben válik dicsőségessé életed és térhet meg hozzád az örök élet, mikor tisztességessé változtattad életed! De amíg a bűn uralja lelked, addig jövődnek az örökbüntetés helyét ígéri Isten! Ember, minél később gyógyulsz ki bűneidből és változtatod értéktelen életed értékessé, annál később jutathat jövőt számodra Isten, jókívánságával! M.27.17. Életed ideje a kellő pillanat arra, hogy a jó váljon életerőddé, hogy elkülönülj a világ rendjétől, Istenhez az élet erejéhez! Amint dicsőségessé változtatott életeddel bizonyítod az Isteni hatalom létezését, az Úr megszabadít és megállítja életed idejét! M.27.18. Minél később különülsz el a világ rendjétől és minél később válik a jó élőerőddé, annál később élhetsz Istennel! A bűn uralma alatt lévő embernek, ahhoz időben kell bizonyítania az Isteni hatalom létezését, hogy kizárólag Istenhez tartozhasson, hogy szabadságban élhessen! Ahhoz, hogy Isten élőhelyén élhessen Isten kitűntjeivel, a tisztesség életerejével kell értékessé alakítania életét és hatással lenni környezetére, a világ rendjére! De amíg ellenkezel Istennel és a jó nem válik élőerőddé, addig nem élhetsz Isten kitűntjeivel! Akik életükkel a világ rendjét dicsőítik, azok az örökbüntetés helyére jutnak vissza, a bűn uralta életbe! M.27.19. Ember, szándékozz időben megszabadulni bűneidtől, hogy Isten elkülöníthessen azok közé, akik eredményes életükkel, bizonyították az Isteni hatalom létezését! Abban az időben, mikor megszabadulva bűneidtől, eljuttatod magad a bűnösöktől a gyógyultakhoz, megdicsőítlek és hozzám tartozhatsz! És annak, aki így értékessé tud változni, megállítom életének idejét! M.27.20. Aki időben nem tud lemondani a bűnről, az nem élhet szabadságban! Mert az élhet szabadságban, aki időben meg tud szabadulni a bűntől! A megszabadulttal, jelentőssé válik az élet! Aki pedig ettől eltér, az a szabadságról is lemond! M.27.21. Abban az időben, amint a jó válik élőerőddé, a világi élet elnyomása alól, Isten élőhelyére menekülhetsz! Mert a világ rendjétől elkülönítik Isten kitűntjei azt, aki tisztességes és Istennel él! De a bűnös számára felfoghatatlan az, hogy elkülönüljön a bűntől és kizárólag Istenhez tartozzon! Pedig akivel az élet hatalma többé válik, az szabadságban élhet!

M.27.22. Az használja fel értékesen életének idejét, aki tisztességesen él és elkülönül a bűn hatalmától! Az a lélek, aki így él, megszerzi a szabadságot, aki pedig nem, az büntetésben marad! M.27.23. A tisztesség erejével tud hatással lenni az ember, a bűn uralmára! És abban az időben, mikor tisztességes élete hatással lesz környezetére, kizárólag Isten élőhelyéhez tartozhat! Isten élőhelye dicsőíti azt a lelket, aki a jó élőerejével, bizonyítani tudja az Isteni hatalom létezését! És akinek életének idejét dicsőíti Isten, azt elkülöníti a világi élettől és eljuttatja élőhelyére, mert az hozzátartozhat!

M.27.24. Akinek a világ rendjében a jó válik élőerejévé, azt a mennyei hatalom gyengéd együttérzésével az élet helyére, Istenhez vezeti! Mert a bűntelen ember, megszerezheti a szabadságot és az élet hatalmát! A bűnös embert, pedig a világi élet szerezheti meg! M.27.25. Azzal a bölcsel, aki tisztességes és kizárólag Istenhez tartozik, pedig Isten kitűntjei válhatnak többé! Életed jelentősége, hogy többé válhasson veled az élet! És akivel többé válik, azt Isten megdicsőíti és jókívánságával élteti! M.27.26. A jelentéktelen lélekhez, bűntől való megtisztulása után érkezhet meg az élet ereje! Váljon nyilvánvalóvá, az élet ereje ahhoz érkezhet meg, akinek életét ez jellemzi: Elkülönül a bűntől és hűséges marad a tisztességhez! A jelentős változás eléréséhez szükséges, hogy önmegtartóztatóan, ártatlanul és tisztességesen élj! Aki erre nem képes, az nem élhet az élet erejével! M.27.27. Aki időben megszabadul a bűntől és tisztességes marad, azt megdicsőítem és hozzám tartozhat! Aki pedig a bűnhöz marad hűséges, az a lélek nem juthat el hozzám! Rendeltetésed, hogy az életed idejéül adott pillanatban, megszabadulj a bűntől és tisztességessé válj! Ha pedig lemondasz a tiszta életről és nem gyógyulsz ki bűneidből, akkor nem dicsőítlek meg! M.27.28. De aki jelentősen megváltozik és tisztességesen él, azt elkülönítem a bűntelenek közé, Isten kitűntjeihez! Ahhoz, hogy velük élhessen az ember, elengedhetetlen, hogy megtisztuljon bűneitől! Annak a léleknek, aki nem szabadul meg bűneitől és ahhoz marad hűséges, nem juttathat az élet hatalma szabadságot! Tényleg tisztességessé kell válnom ahhoz, hogy elkülöníthess Isten kitűntjeihez? Elengedhetetlen, mert csak az tartozhat hozzájuk, aki bűntelenné tudott válni! M.27.29. Azt az embert különítem el, akinek változásával, jelentőssé válik az élet! Ember, tisztességessé válásoddal harcolhatsz meg az örökkévalóságban lévő helyért! De ha időben nem érted meg a tökéletességet és nem szabadulsz meg bűneidtől, akkor saját magad válsz, pusztulásod okozójává! M.27.30. Cselekedeteid arról nyilatkoznak, hogy a mennytől vagy a világi élettől teszed magad függővé! Aki megvilágosodik, az tisztességes életével dicsőíti az Urat! Aki pedig nem, az elkülönül a tisztességtől és Istentől! Életed eredményeként válhatsz Isten kitűntjévé, halhatatlanná, vagy élhetsz tovább a világi életben! M.27.31. Hogy Isten kitűntjeihez tartozhass: Szükséges, hogy életed idején megszabadulj a bűntől! Rendeltetésed, hogy kigyógyulj bűneidből és eljuss a mennybe! Ha pedig a világi élettől teszed magad függővé, annak erői fognak megvilágosítani és visszajuttatni az örökbüntetés helyére! M.27.32. Akik Isten kitűntjeivé váltak és megtérhettek a mennybe, azok el tudtak különülni a világi élettől, és tisztességessé tudták változtatni életüket! Világosodj meg és különülj el a bűntől, hogy többé válhassanak veled Isten kitűntjei! Aki pedig az örökbüntetés helyéhez marad hűséges, az attól válik függővé! Válj ártatlanná, hogy eljuthass a boldogságba!

M.27.33. Mert Isten, meg fog kérdezni: Az életed idejéül adott pillanatot, értékesen használtad vagy nem? A tiszta vagy az aljas életet választottad? Ha életed idején nem a tisztaságot, hanem mást választottál, akkor máshoz is fogsz hozzá jutni! És addig az ideig, míg nem szabadulsz meg a bűntől, nem tartozhatsz hozzám, mert más válik veled többé! M.27.34. Akik utasításaimnak megfelelően, Istennel együtt harcolnak az engedetlen és tisztátalan szellemek börtönének ereje ellen és megtisztulttá, tisztességessé válnak, azokat életük eredményeként örökbe fogadom az örökkévalóságba! De akik utasításaim ellenére nem válnak bűntelenné, azokon nem lehet hatalmam! Azok életük eredményeként nem juthatnak el az örökkévalóságba, mert bűneik lehúzzák őket az élettelenek közé!

www.ingramcontent.com/pod-product-compliance
Lightning Source LLC
Chambersburg PA
CBHW070947180426
43194CB00041B/1590